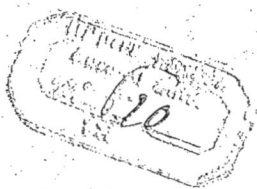

RAPPORTS ET NOTICES

SUR L'ÉDITION DES

MÉMOIRES

DU

CARDINAL DE RICHELIEU

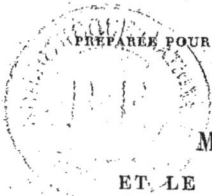

PRÉPARÉE POUR LA SOCIÉTÉ DE L'HISTOIRE DE FRANCE

SOUS LA DIRECTION DE

MM. Jules LAIR
ET LE Baron DE COURCEL

MEMBRES DE L'INSTITUT

FASCICULE III

A PARIS
LIBRAIRIE RENOUARD
H. LAURENS, SUCCESSEUR
LIBRAIRE DE LA SOCIÉTÉ DE L'HISTOIRE DE FRANCE
RUE DE TOURNON, N° 6

M DCCCC VII

XI.

FRANÇOIS-L. BRUEL

LE TITRE ORIGINEL DES *MÉMOIRES DE RICHELIEU*[1].

Lorsqu'en 1822 Claude-Bernard Petitot fit entrer dans sa « Collection des Mémoires relatifs à l'histoire de France » l'œuvre qu'il baptisa *Mémoires du cardinal de Richelieu*[2], et qu'il était le premier à publier dans son entier, un souci malencontreux d'unification ne le porta-t-il pas à lui don-

[1]. Le lecteur pourra se demander comment il se fait que certains passages (ci-après, p. 255-258 et 280-285) des deux études qui vont suivre, celle de M. Fr. Bruel, prête depuis longtemps déjà pour l'impression, et celle que nous a remise plus récemment M. G. de Mun, sont presque identiques et s'accordent sur les mêmes conclusions. En voici la raison : les deux auteurs, dans leurs recherches respectives, tout à fait indépendantes les unes des autres, sur les deux sujets qu'ils étudiaient, se sont trouvés en présence des mêmes documents. Ils ont procédé aux mêmes constatations et sont arrivés, chacun de son côté, à des conclusions analogues. Le Comité de publication a pensé qu'il n'y avait pas d'inconvénient à publier côte à côte ces deux travaux, l'identité du résultat obtenu par des voies différentes ne pouvant que renforcer la valeur de la découverte commune. (*Note du Comité de publication.*)

[2]. *Collection complète des Mémoires relatifs à l'histoire de France...*, par M. Petitot; Paris, Foucault, années 1821 et suivantes : 2ᵉ série, t. X et XI, et t. XXI *bis* à XXX. C'est seulement en 1823, qu'ayant obtenu communication du manuscrit des Affaires étrangères, Petitot fut à même de publier, dans les tomes XXI *bis* à XXX de sa *Collection*, la partie encore inédite ; les tomes X et XI ne comprenaient que l'*Histoire de la Mère et du Fils*. Une seconde édition, différant peu de la première, parut de 1837 à 1838 dans les tomes VII à IX de la 2ᵉ série de la *Nouvelle collection des Mémoires pour servir à l'histoire de France...*, par Michaud et Poujoulat, sous le titre de : *Mémoires du cardinal de Richelieu sur le règne de Louis XIII*.

17

ner cette dénomination peu justifiée? Nous le croyons, et nous avons pensé qu'il ne serait pas sans intérêt de reprendre et de grouper, en les fortifiant de nouveaux témoignages, les arguments qui vont à l'encontre de l'appellation arbitraire de *Mémoires de Richelieu*.

Ce n'est pas que l'œuvre, aujourd'hui connue universellement sous ce titre, puisse désormais l'abandonner pour un autre plus conforme à son objet et à l'intention de son auteur. Nous voudrions simplement, dans l'intérêt de la vérité historique, que, continuant à user de ce titre factice, l'on sût bien qu'il n'a par lui-même aucune valeur d'authenticité. Jamais ni Richelieu, premier inspirateur de l'œuvre, ni les secrétaires qui la préparèrent et la rédigèrent, ni les contemporains qui en connurent l'existence et dont plusieurs même fournirent des relations qui y ont trouvé place, ne la désignèrent ainsi : tous, uniformément, employèrent une même appellation abrégée, celle d'*Histoire*. C'est ce que nous espérons établir dans la première partie de cette étude ; dans la seconde, nous rechercherons si l'auteur avait fait choix pour son œuvre d'un titre plus précis, et quel il pourrait être. L'examen des manuscrits nous amènera à en proposer un que nous estimons avoir été, dans la pensée de Richelieu, le titre définitif.

Il convient cependant, avant toute recherche, de se mettre en garde contre une confusion facile à faire entre les diverses acceptions du terme de « Mémoires ». En 1650, quelques années après la mort du Cardinal-duc, il parut un petit volume intitulé : *Mémoires du cardinal de Richelieu contenant tout ce qui s'est passé à la cour pendant son administration*[1]... Ce n'était qu'une réimpres-

---

1. *Mémoires du cardinal de Richelieu contenant tout ce qui s'est passé à la cour pendant son administration, ensemble les procès de Monsieur le mareschal de Marillac, de Montmorency, de Sainct-Preuil, de Cinq-Mars et de Thou, avec plusieurs autres pièces que l'on a trouvé après sa mort escrites de sa main.* A Goude, 1650, in-12.

sion, sous un nouveau titre, du *Journal de Monsieur le cardinal-duc de Richelieu qu'il a fait durant le grand orage de la cour, tiré de ses mémoires qu'il a escrits de sa main...*, publié en 1648 et 1649[1]. On connaît cette première publication de documents sortis du cabinet de Richelieu, formant une suite de nombreux chefs d'accusation, de témoignages et de dénonciations réunis par le Cardinal contre la Reine mère, contre Anne d'Autriche, contre Gaston, contre les Marillac, enfin contre tous ceux dont l'éloignement ou la ruine était indispensable au maintien de son autorité.

Quel est le sens exact du mot « mémoires » dans les deux titres que nous venons de citer? S'agit-il de mémoires au sens d'autobiographie, c'est-à-dire au sens que Petitot enfermait dans la dénomination qu'il donna en 1822 à l'œuvre qui nous occupe? Non, il s'agit ici de mémoires au sens de documents, pouvant bien servir de matériaux pour la composition d'une œuvre, de preuves pour sa justification, mais qui, n'étant enchaînés par aucun commentaire explicatif, n'étant ni discutés, ni remaniés, n'en constituent pas une par eux-mêmes. C'est dans cette acception du terme que Richelieu se faisait adresser des « mémoires » par ceux qu'il chargeait de l'étude d'une question, en recevait d'ambassadeurs tels que d'Estrées et Charnacé, d'érudits tels que Dupuy et Godefroy, et qu'à son tour il adressait des avis au Roi ou envoyait à ses agents des instructions sous forme de mémoires. De même Aubery, publiant en 1660 une *Histoire du cardinal de Richelieu*, y joignit, en guise de preuves, deux tomes de *Mémoires pour servir à l'histoire du cardinal de Richelieu*[2].

Il nous a paru utile d'insister sur ce point; car, s'il

1. Deux tomes en un volume in-12.
2. Deux volumes in-folio.

arrive quelquefois de rencontrer, au cours du xvii⁰ siècle, l'expression de *Mémoires de Richelieu*, toujours elle a trait à ces documents de première main, qui, nous le verrons plus loin, servirent à la composition de l'œuvre improprement désignée de nos jours par ce même vocable.

I.

C'est par Richelieu lui-même qu'il convient d'ouvrir notre enquête. Compulsons attentivement et ce qu'il appelle son *Testament politique*, et ce qu'on nomme ses *Mémoires*, dépouillons sa volumineuse correspondance : nous n'y découvrons pas une ligne ayant trait à une œuvre historique désignée par le terme de *Mémoires*. Par contre, on y trouve de fréquentes allusions à une *Histoire* dont l'identification avec les prétendus *Mémoires* s'impose; nous nous bornerons à citer deux textes, qui nous paraissent concluants, et dont l'un fut pour la première fois signalé et commenté par l'académicien Étienne Laureault de Foncemagne[1].

On sait que cet érudit, qui fit prévaloir, en dépit des critiques de Voltaire[2], la doctrine de l'authenticité du *Testament politique* de Richelieu[3], découvrit vers 1760 le

1. Étienne Laureault de Foncemagne, né en 1694 à Orléans, ancien oratorien, entré à l'Académie des inscriptions en 1722 et à l'Académie française en 1737, à la place du fils de Bussy-Rabutin, fut sous-gouverneur du duc de Chartres en 1752, et mourut le 26 septembre 1779.

2. Dans son traité *Des mensonges imprimés*, publié à la suite de la tragédie de *Sémiramis;* à Paris, chez Lemercier, 1749, in-12. Foncemagne y répondit en 1750 par sa *Lettre à un anonyme sur le Testament politique...*, in-12. Voltaire reprit l'offensive après une seconde édition de la lettre de Foncemagne parue en 1764, et donna successivement : *Doutes nouveaux sur le Testament attribué au cardinal de Richelieu...* (Genève et Paris, 1765, in-8°), et *Arbitrage entre M. de Voltaire et M. de Foncemagne* (s. l. n. d., in-8°).

3. Le *Testament politique d'Armand du Plessis, cardinal-duc de Richelieu...*, parut pour la première fois en 1688, à Amsterdam, chez Henry Desbordes; 2 parties en 1 vol. in-12. L'exemplaire ayant appar-

manuscrit le plus complet des *Mémoires*[1]. Il se composait de huit volumes ne portant pas de titre si ce n'est le suivant inscrit au dos par le relieur : *Histoire du cardinal de Richelieu*. Comment entendre ce titre? *Histoire du roi Louis XIII par le cardinal de Richelieu*, ainsi le traduisit et le développa Foncemagne, s'inspirant de l'*Épître dédicatoire* adressée au Roi par le Cardinal en tête de son *Testament politique*. Le fait est que Richelieu y déclare formellement avoir entrepris et rédigé en partie une « Histoire » de Louis XIII : « Dieu ayant béni mes intentions jusques à tel point que la vertu et le bonheur de Votre Majesté, qui ont étonné le siècle présent, seront en admiration à ceux de l'avenir, j'estimai que les glorieux succès qui lui sont arrivés m'obligeoient à lui faire son *Histoire*[2]... »

tenu à Huet, qui y nota sur le feuillet de garde le récit de son entretien avec le duc de Richelieu, ce dont Foncemagne argumente en faveur de l'authenticité du testament, passa avec la bibliothèque de l'évêque d'Avranches dans celle du collège de Clermont et est aujourd'hui à la Bibliothèque nationale, L^b 36, n° 3336 A. Voyez ce qu'en dit Foncemagne dans sa *Lettre sur le Testament politique*, 2ᵉ éd., publiée à la suite de la nouvelle édition du *Testament*, donnée en 1764 chez Le Breton par Marin (p. 8, note *a*).

1. Ce manuscrit, que, depuis Avenel, on est convenu d'appeler le manuscrit B des *Mémoires*, est conservé aux archives des Affaires étrangères, fonds France, Mémoires et Documents, vol. 49 à 56. Sa découverte eut lieu entre les deux éditions de la lettre de Foncemagne, c'est-à-dire entre 1750 et 1764. Il était relié aux armes de Torcy, ce qui place la date de cette reliure, et du titre qu'on lisait au dos, vers 1710, époque à laquelle les papiers de Richelieu entrèrent au ministère des Affaires étrangères.

2. Voyez l'*Épître dédicatoire*, non paginée, placée en tête de l'édition que donna Marin en 1764 des *Maximes d'État ou Testament politique de Richelieu*. Citons encore ces fragments du *Testament* lui-même (éd. 1764, t. I, p. 39) : « Au reste, votre conduite sera reconnue d'autant plus juste, que ceux qui liront votre *Histoire* verront que Votre Majesté ne fait punir personne..., etc., » et : « Ceux à qui l'*Histoire* apprendra les traverses que Votre Majesté a rencontrées... » (p. 59). Quant à l'*Histoire* elle-même, ou *Mémoires de Richelieu*, on y lit (éd. Michaud, t. I, p. 25, col. 1) : « ... Il vaut mieux en quitter la contemplation et suivre le cours de notre *Histoire*... »

Observons en outre, avant d'aborder le second témoignage que nous emprunterons à Richelieu, qu'au cours de l'*Épître dédicatoire* du *Testament*, le terme de « mémoires » est employé par deux fois. Le Cardinal s'excuse de n'avoir pu mener à bien l'*Histoire* entreprise à la gloire du Roi, et de ne lui laisser que « quelques *mémoires*[1] » de ce qu'il estime le plus important pour le gouvernement du royaume. Ici, ce que Richelieu lui-même entend par « mémoires » n'est autre que le *Testament politique*. Et cette observation est moins dénuée d'intérêt qu'on ne pourrait le croire; car, quelques lignes plus loin, Richelieu prend encore le mot *mémoires* dans le même sens : « Si mon ombre, qui paroîtra dans *ces mémoires*, peut, après ma mort, contribuer...[2], etc. » N'était-ce pas une raison de plus pour éviter cette appellation de *mémoires*, que de la trouver employée, par l'auteur même de l'œuvre qu'il s'agissait de dénommer, pour en désigner une autre qu'il y oppose très nettement?

Le 28 décembre 1637, Cherré, secrétaire du Cardinal, libellait sur son ordre la note suivante[3] pour le secrétaire d'État de la Guerre : « Je prie M. de Noyers de me faire faire par ses commis des copies de toutes les instructions, ordres et dépêches importantes qu'il a expédiées cette année, qui peuvent servir de *mémoires* pour l'*Histoire*, afin qu'on les ajoute à mes *journaux*. »

Ici encore, on le voit, le Cardinal qualifie son œuvre

1. « ... J'ai cru qu'au moins je ne me pouvois dispenser de laisser à Votre Majesté quelques *mémoires* de ce que j'estime le plus important pour le gouvernement de ce royaume, sans en être responsable devant Dieu... »

2. « Si mon ombre, qui paroîtra dans ces *mémoires*, peut, après ma mort, contribuer quelque chose au règlement de ce grand État, au maniement duquel il vous a plu me donner plus de part que je n'en mérite, je m'estimerai extrêmement heureux. »

3. Archives du Dépôt de la Guerre, vol. 42, fol. 229. Cette curieuse note a été signalée et commentée par Avenel dans son article du *Journal des Savants*, mai 1859, p. 319.

d'*Histoire*, et non de *mémoires*, employant cette dernière expression dans le sens que nous nous sommes efforcé de préciser plus haut. Ce nouveau témoignage est précieux pour quiconque veut se rendre compte de la manière dont fut préparée et rédigée l'*Histoire*, — ainsi la désignerons-nous en attendant de pouvoir lui donner une dénomination plus exacte. — Les « mémoires », c'est-à-dire les documents, que les rédacteurs de l'œuvre eurent à leur disposition, étaient groupés et classés suivant l'ordre des matières, et chronologiquement, en des recueils appelés « livres », « journaux » ou « cahiers ». Cette désignation est confirmée par plusieurs documents des Archives des Affaires étrangères, qui, comme l'on sait, héritèrent d'une bonne part des papiers du Cardinal, passés d'abord à sa nièce d'Aiguillon, puis à la seconde duchesse du même nom, ensuite venus en 1705 en la possession de Torcy, et enfin en 1710 au Dépôt des Affaires étrangères, lors de sa constitution. Nous croyons intéressant de publier, pour exemple, une instruction[1] destinée sans aucun doute à l'un des rédacteurs chargé de la partie de l'*Histoire* qui correspondait à l'année 1636. Ce n'est, à vrai dire, qu'une liste des « mémoires » qu'il lui fallait compulser pour établir le premier brouillon. Consciencieusement, le rédacteur a mis en marge des documents vus le mot « Fait ».

[1.] Journal de 1636[2].

Outre le journal des pièces différentes de l'année 1636, il faut encore voir :

[2.] Celui de Monsieur le Prince et de Monsieur le grand maître[3] ;

1. Archives des Affaires étrangères, fonds France, vol. 255, fol. 82. Avenel a publié dans le *Journal des Savants* de 1858, p. 158 et 159, une note analogue ayant trait à l'année 1635 et qui se trouve intercalée dans le tome VII du manuscrit B.

2. Ce titre se rapporte au relevé des faits journaliers de l'année 1636 qui composent le cahier.

3. Nous donnons pour ce journal et pour les suivants la désignation

[3.] Celui de M. le cardinal de la Valette et du duc de Weimar[1];

[4.] Celui d'Italie et celui de 35; car il y a de 36[2];

[5.] Celui de Hollande; il faut voir aussi celui de 35; car il y a de 36[3];

[6.] Celui de Monsieur, lorsqu'il partit de Paris au mois de septembre pour aller commander l'armée de Picardie pour en chasser les Espagnols[4];

[7.] Celui de MM. les ducs d'Épernon, de la Valette et de Gramont[5];

[8.] Et celui de Monsieur et de Monsieur le Comte, commençant le jour qu'ils se retirèrent de la cour mécontents jusques à l'accommodement de Monsieur avec le Roi à Orléans au mois de février 1637[6];

[9.] Cahier de M. d'Halluin[7];

[10.] Journal du cardinal de la Valette, 1635; car il y a de 1636[8];

employée par l'inventaire des papiers concernant l'année 1636 qui se trouve dans le même volume 255 des Affaires étrangères, fol. 116 et suivants : [N° 7.] « Journal de Monsieur le Prince et M. de la Meilleraye. » Il contenait les dépêches du prince de Condé, dirigeant alors les opérations militaires en Franche-Comté, et du grand maître de l'artillerie, qui l'accompagnait.

1. [N° 9 du même inventaire :] « Journal de M. le cardinal de la Valette et du duc de Weimar, commençant en juin. » Ces deux personnages dirigeaient les opérations militaires en Alsace.

2. [N° 5 :] « Journal d'Italie commençant en mars. »

3. [N° 6 :] « Journal d'Hollande pour l'année 1636, commençant au mois de mars, le journal de 1635 venant jusqu'à ce mois. »

4. [N° 11 :] « Journal commençant le 27 septembre, que Monsieur est parti pour aller commander l'armée du Roi en Picardie. »

5. [N° 12 :] « Journal de MM. d'Épernon, la Valette, de Gramont, commençant au mois d'octobre, que les Espagnols entrèrent en Guyenne et se saisirent de Saint-Jean-de-Luz, Libourne, Socoa et autres lieux. »

6. [N° 13 :] « Journal de Monsieur et de Monsieur le Comte, commençant au mois de novembre 1636. »

7. Nous ne trouvons pas d'indication de ce journal dans l'inventaire de 1636. Par contre, le n° 4 de celui de 1635 est intitulé : « Journal de M. d'Halluin, gouverneur et commandant en Languedoc. » La première pièce est un mémoire de M. le cardinal de Richelieu, qui souhaite d'être instruit « de l'état de la frontière d'Espagne, des routes et chemins par où l'on pourroit rouler du canon... » (vol. 254, fol. 175).

8. Dans le même inventaire de 1635, sous le n° 6, nous trouvons : « Journal de M. le cardinal de la Valette, depuis le commencement de

[11.] Journal et lettres du comte de Soissons et de M. de Brezé[1];

[12.] Le livre des traités;

[13.] Cahier de M. de Navailles[2];

[14.] Cahier de M. de Saint-Chaumont;

[15.] Livre de dépêches de Harcourt et Bordeaux[3].

En dépit de leur différente désignation, les cahiers, livres ou journaux qu'énumère cette note sont tous de même nature : ce sont des recueils factices de lettres, dépêches et rapports classés à leur date. Il faut donc se garder de l'erreur dans laquelle est tombé Champollion[4], qu'avaient frappé, dans les *Mémoires de Richelieu*, des renvois au diaire de Bullion, au journal de Son Altesse, etc.... Il crut pouvoir supposer que ce dernier journal n'était autre que « le journal de Gaston d'Orléans, qui, depuis, a été imprimé. » Or, il s'agit simplement de la correspondance du Roi et de Richelieu avec Gaston, comme il s'agit aussi de la correspondance de Bullion. Pour s'en rendre compte, il suffit de feuilleter les inventaires des documents ayant appartenu au cardinal de Richelieu et ayant trait aux années 1628 à 1642, que les Archives des Affaires étrangères nous ont conservés. Ces inventaires, bien que postérieurs au décès du Cardinal, et sans doute dressés en 1710 lors du transfert de ses papiers

juillet qu'il est parti pour aller commander l'armée du Roi en Allemagne. »

1. « Journal des lettres que M. le comte de Soissons a écrites à M. le Cardinal pendant toute cette année, et de M. de Brezé pendant qu'il a commandé l'armée avec Monsieur le Comte » (n° 10 de l'inventaire de 1636, vol. 255, fol. 82).

2. Nous n'avons pas trouvé non plus l'indication de ce cahier dans l'inventaire précité.

3. Ce sont les « Dépêches de MM. le comte d'Harcourt et de l'archevêque de Bordeaux, commençant du jour qu'ils partirent de la Rochelle avec l'armée navale jusqu'après la reprise des îles Sainte-Marguerite et Saint-Honorat » (Inventaire de 1636, n° 8).

4. *Mémoires de Mathieu Molé*, éd. de la Société de l'Histoire de France, t. IV, p. LXXIV.

au Dépôt des Affaires étrangères, nous montrent bien quelle était l'ancienne disposition des archives du Cardinal : les pièces étaient toujours classées en registres ou liasses intitulés « livres », « cahiers » ou « journaux ». Il n'existe donc pas le moindre rapport entre le « journal de Son Altesse », qui servit à la rédaction de l'*Histoire*, et les *Mémoires* [de feu M. le duc d'Orléans] *contenant ce qui s'est passé en France de plus considérable depuis l'an 1608 jusqu'en l'année 1636*[1].

Cette digression faite, remarquons une fois de plus que l'instruction donnée plus haut porte en tête, d'une main contemporaine, la mention : « Mémoires du cardinal de Richelieu pour son Histoire. » Ajoutons que les « Extraits du livre de gazettes de l'année 1637[2] », qui ne sont autre chose que le Journal de l'année 1637 sous un autre titre, sont précédés de la même indication.

Citons encore un « Mémoire, pour l'*Histoire*, de divers services particuliers rendus par le cardinal de Richelieu[3] ». Il a passé en grande partie dans l'*Histoire*,

1. Rédigés par Algay de Martignac ; Paris, Cl. Barbin, 1685, in-12. Comme l'a remarqué notre confrère M. Lavollée (*Revue des Études historiques*, septembre-octobre 1904, p. 452, note 4), à propos d'une note manuscrite de Sancy, il serait bien étonnant que Gaston d'Orléans eût fourni des avis pour la rédaction de l'*Histoire*. Par *avis*, il faut entendre à notre sens les notes que Gaston faisait passer au Roi ou à Richelieu pour la solution de telle ou telle affaire pendante, son mariage par exemple. Ces *avis* prenaient place dans le *Journal de Monsieur;* ainsi, nous trouvons dans le *Journal* commencé en juillet 1633 les propositions faites au nom de Gaston par d'Elbène, et qui prirent place dans l'*Histoire*, pour laquelle elles furent retouchées (vol. France 807).

2. Vol. France 256, fol. 111. Citons encore le mémoire sur la prise de Suse, qui porte en tête les mots suivants : « Employé. Histoire. A commencer du jour de la prise de la Rochelle », et qui se trouve utilisé dans l'*Histoire* (France 248, fol. 52-93; voyez *Mémoires*, éd. Michaud, t. 1, p. 558). Et, quant à la continuation des *Mémoires* pour l'année 1639, signalée par Avenel en 1858 et publiée par M. Lavollée dans le fascicule II des présents *Rapports et Notices*, le titre n'en est-il pas significatif : « Projet de l'*histoire* des affaires d'Italie de l'année 1639? »

3. Vol. France 250, fol. 99 et suivants.

comme son titre et les nombreuses mentions : *employé, employé cet article, employé cette page, employé ce reste de page, employé jusqu'ici,* le faisaient présumer.

On pourrait multiplier les exemples [1]. Nous nous en tiendrons là, et nous ne croyons pas, comme l'ont dit les deux éminents historiens du Cardinal, MM. Avenel et Hanotaux, que, suivant la formule de ce dernier [2], « les rédacteurs eux-mêmes, qui prétendaient faire une *Histoire* plutôt que des *Mémoires,* donnaient pourtant à leur travail l'un ou l'autre de ces noms indifféremment. » En effet, à part une mention citée par M. Avenel, celle d'*employé pour les Mémoires,* et que nous avons eu le regret de ne pouvoir retrouver [3], ce mot de « Mémoires » est toujours joint à celui d' « Histoire »; et, quand bien même on le trouverait isolé, la distinction, pour spécieuse, n'en est pas moins logiquement intelligible : le terme d' « Histoire » désignera par anticipation l'œuvre achevée; celui de « Mémoires pour servir à l'Histoire », ou même de « Mémoires » absolument, désignera les documents recueillis pour la composition de cette œuvre.

II.

Le 17 novembre 1634, Guy Patin écrivait [4] : « On imprime ici à grande hâte l'*Histoire* du Roi d'à présent faite par M. Dupleix sur les mémoires de M. le Cardi-

---

1. Citons encore (France 770, fol. 187), en marge des « Articles de l'union des princes rebelles », etc., la note suivante : « Cette pièce est du tout nécessaire pour l'*Histoire.* »

2. G. Hanotaux, *Sur la prétendue découverte d'un supplément aux Mémoires de Richelieu,* dans la *Revue historique,* mai-août 1878, p. 412 et suivantes.

3. *Journal des Savants,* mars 1858, p. 157, note 2. La cote indiquée : fonds France, 1632, t. LV, doit être erronée.

4. *Lettres,* éd. Reveillé-Parise, t. I, p. 30. L'*Histoire générale de France,* par Scipion Dupleix, en cinq volumes in-folio, parut de 1634 à 1645.

nal... » Et il ajoutait : « Je crois bien qu'elle ne dira pas
toutes les vérités, et néanmoins, par ce que j'en ai vu, je
vous assure qu'elle dit plusieurs belles et étranges choses,
fausses ou vraies. » Les nombreux documents recueillis
par Richelieu ne servirent donc pas uniquement à la composition de la seule *Histoire*. Aussi bien n'ignorons-
nous pas que successivement, outre Dupleix, l'évêque
d'Avranches Vialart, et Mézeray en eurent communication :
le Cardinal ne faisait pas difficulté de laisser consulter
par quelques érudits, qui les utilisaient à sa louange, les
précieux matériaux réunis en vue de l'édification de son
œuvre historique. Il est aussi vrai que, dans ce travail
malaisé de documentation, le ministre, dont les désirs
étaient considérés comme des ordres, sut ingénieusement
se faire aider : les meilleurs mémoires rédigés par les gens
les plus compétents et les mieux renseignés prirent place
dans ses archives. Nous avons espéré glaner quelques ren-
seignements sur la façon dont ces collaborateurs dégui-
sés désignèrent l'œuvre à laquelle ils concoururent de la
sorte.

Des *Mémoires du maréchal-duc d'Estrées*, il n'est rien
à retenir : tout au plus la préface de la première édition[1], due au P. Lemoine, peut-elle nous donner une
indication, d'un mince intérêt il est vrai, quoique ce
religieux fût le protégé de la duchesse d'Aiguillon, qui
lui confia les mémoires de son oncle afin d'en tirer une
histoire[2] toute à la glorification du Cardinal. Il est simplement dit dans cette préface que Richelieu, qui « pensoit à

1. Paris, Barbin, 1666, in-12.
2. Cette histoire, en trois volumes in-folio, allait de la mort de
Henri IV à 1638. L'impression en fut suspendue sur l'intervention du
supérieur de la maison professe des Jésuites, dont dépendait le
P. Lemoine. Quant à l'histoire qu'écrivit Vialart, la *Gazette* du 21 mai
1650 mentionne l'arrêt du Parlement du 11 mai précédent qui l'avait con-
damnée à la requête de la duchesse d'Aiguillon.

tracer un plan pour l'histoire de son temps », avait prié
d'Estrées de composer un sommaire des principaux événements du temps de la régence de Marie de Médicis.

Une phrase des *Mémoires de Déageant*[1], non relevée
jusqu'ici, nous paraît beaucoup plus intéressante. S'excu-
sant, selon les formules d'humilité alors en usage, de ne
pouvoir répondre aux désirs de Richelieu avec la compé-
tence voulue, il ajoute : « Bien pourrois-je, en lisant ce
que l'on décrira de ce temps-là, ou en discourant avec
celui qui fera l'Histoire, donner des éclaircissements sur
les points de ma connoissance dont l'on pourroit être en
doute. » Il s'agit donc bien toujours d'une « histoire ».
Détail à noter, Déageant, qui fut toujours bien renseigné,
parle, au singulier, de « celui qui fera l'*Histoire* ».
Y eut-il, sinon un rédacteur unique, du moins un personnage chargé spécialement par le Cardinal de diriger et
de mener à bien l'œuvre entreprise? Ce point d'interro-
gation posé, nous avons aussitôt pensé au secrétaire jusqu'à ces derniers temps désigné par le terme vague de
« secrétaire des *Mémoires* » et dont notre confrère
M. Lavollée a découvert si heureusement et démontré
clairement l'identité avec Achille de Harlay de Sancy,
évêque de Saint-Malo[2].

Outre la présomption fournie par la phrase de Déageant,
nous croyons que le témoignage qui va suivre, beaucoup
plus précis, confirme assez heureusement l'opinion de
notre confrère. Son auteur, dont on a souvent contesté la
véracité lorsqu'il s'agit pour lui de laisser libre cours à
sa verve médisante, n'aurait eu nul intérêt de ce genre à
l'inventer. Il s'agit de Tallemant des Réaux, intime ami de

---

1. La première édition parut sous le titre suivant : *Mémoires de Monsieur Déageant envoyez à Monsieur le cardinal de Richelieu...;*
Grenoble, Philippe Charvys, 1668 (publiés par Adrien Roux de Meyes,
son petit-fils). Nous renvoyons à l'édition plus connue de 1756, p. 3.

2. Ci-dessus, fasc. I, p. 35-65.

Patru, qui peut-être lui fournit le renseignement qui nous intéresse. Du passage curieux de l'historiette consacrée à Richelieu, que nous donnons *in extenso* en note[1], comme très important pour l'historique de l'œuvre du Cardinal, relevons seulement les lignes suivantes : « Le Cardinal a aussi laissé des mémoires pour écrire l'*histoire* de son temps... On a dit que l'*évêque de Saint-Malo, Sancy*, travailloit à l'*Histoire* sur les *mémoires* du Cardinal ; mais cela n'a point paru. » Il nous semble inutile d'insister sur la clarté et la valeur de cette assertion, concordant si heureusement avec la découverte de M. Lavollée. Notons seulement, pour notre thèse personnelle, qu'ici comme partout ailleurs il est fait allusion à une *Histoire*, à laquelle on a travaillé sur des *mémoires*.

Germain Habert[2], abbé de Cerisy, l'un des quarante de l'Académie fondée par le Cardinal, eut la tâche honorable

---

1. Voici ce passage : « Le Cardinal a aussi laissé des mémoires pour écrire l'*histoire* de son temps. Mme d'Aiguillon s'informa depuis, de Mme de Rambouillet, de qui elle se pouvoit servir. Mme de Rambouillet en voulut avoir l'avis de M. de Vaugelas, qui lui nomma M. d'Ablancourt et M. Patru. Elle ne voulut pas du premier à cause de sa religion. Pour Patru, à qui elle en fit parler par M. des Marets, il lui fit dire que, pour bien écrire cette *histoire*, il falloit renoncer à toute autre chose ; qu'ainsi il seroit obligé de quitter le Palais ; qu'il lui fît donc donner un bénéfice de mille écus de rente ou une somme une fois payée. Elle lui envoya offrir la charge de lieutenant général de Richelieu. Il répondit que, pour cent mille écus, il ne quitteroit pas la conversation de ses amis de Paris... Il n'y a pas plus de quatre ans que M. de Montausier croyoit avoir fait quelque chose pour faire avoir cet emploi à M. d'Ablancourt ; car Mme du Vigean, à qui lui et Chapelain en avoient parlé par rencontre, s'en alla persuadée que la religion n'étoit d'aucun obstacle à cela, et que Mme d'Aiguillon ne pouvoit mieux faire. Mais cela n'a rien produit, quoiqu'on l'en quittât pour deux mille livres de pension. On a dit que l'évêque de Saint-Malo, Sancy, travailloit à l'*Histoire* sur les mémoires du Cardinal ; mais cela n'a point paru... » (*Historiettes* de Tallemant des Réaux, éd. Monmerqué et P. Paris, t. I, p. 434, note 1).

2. Germain Habert, abbé de Cerisy, né en 1615, mort en mai 1654, l'un des membres chargés de rédiger les observations de l'Académie sur le Cid, auteur d'une vie du cardinal de Bérulle.

de prononcer son éloge funèbre au sein de l'illustre assemblée. Le célèbre historien allemand Ranke[1], qui découvrit le manuscrit de ce discours au British Museum, y nota lui-même les termes suivants, dont nous faisons notre profit : « Cette incomparable *Histoire* dont il est auteur à toutes façons, ce *Testament politique* qu'il a dressé pour le service de son prince..., etc.... »

La distinction sur laquelle nous insistons entre les termes de *Mémoires* et d'*Histoire* nous paraît très nette dans l'Avertissement de la première édition du *Testament politique*[2], qui date de 1688 : « ... S'il y a jamais eu d'ouvrage qui méritât d'être enrichi de remarques, on peut dire que c'est celui-ci. L'*histoire* et les *mémoires* de ce grand homme en fourniroient quantité. »

Pour clore cette liste, nous citerons enfin deux derniers témoignages, dont le premier seul est du XVII° siècle. Il s'agit du titre d'un manuscrit très heureusement retrouvé par le regretté M. Lair à la bibliothèque municipale de Rouen[3], titre qui est une raison de plus pour que Harlay de Sancy ait joué dans la rédaction de l'*Histoire* un rôle capital. Le voici : « Extraits fort amples tirés de l'*Histoire du règne de Louis XIII*° *composés* (sic) *sur les mémoires* et par le commandement du cardinal de Richelieu *par Messire Achille de Harlay...* » On ne saurait être plus précis. D'autre part, Nicolas-Louis Le Dran[4], premier

1. L. Ranke, *Französische Geschichte*, t. V, p. 154.

2. Sur cette édition, voyez plus haut, p. 252, note 3.

3. Ce manuscrit, faisant autrefois partie de la collection Leber, porte la cote 3247 (576?) : ci-dessus, fasc. I.

4. Nicolas-Louis Le Dran, né en 1686, entra dès 1710 aux bureaux du secrétaire d'État des Affaires étrangères; garde du Dépôt des Affaires étrangères en 1720, à la mort de Saint-Prest, qui en avait été pendant dix ans le premier garde, il n'y resta que six ans; mais, à son départ en 1730, son frère Pierre Le Dran l'avait remplacé. Il y rentra en 1730, y resta jusqu'en 1740, devint premier commis des affaires politiques à Versailles, et enfin revint en 1749 au Dépôt du Louvre, où il acheva sa carrière en 1763.

commis du Dépôt des Affaires étrangères de 1720 à 1763,
et qui réunit sur l'histoire des rapports de la France avec
la Turquie un certain nombre de pièces et de notes, inti-
tule un extrait par lui fait de l'œuvre du Cardinal[1] :
« Extrait de l'*Histoire manuscrite* du cardinal de Richelieu, corrigée de sa main. »

Nous ne pousserons pas plus loin cette enquête : ainsi
donc, que nous les empruntions à Richelieu lui-même,
aux rédacteurs de l'œuvre, ou aux contemporains, tous les
témoignages concordent et aboutissent à la dénomination
abrégée d'*Histoire*. L'appellation d'*Histoire de Louis XIII*,
que nous donnent les « Extraits » de la bibliothèque de
Rouen et que la sagacité de Foncemagne devait rétablir au
xviiie siècle, serait-elle la véritable? Nous ne le pensons
pas, bien qu'à notre avis le titre, à la recherche duquel
nous allons maintenant nous appliquer, n'en doive pas
différer sensiblement.

III.

Il paraît fort vraisemblable que Richelieu, entreprenant
d'écrire l'*Histoire*, ait eu surtout l'intention de laisser à
la postérité un tableau embelli de ses grandes actions,
de l'équité de son caractère, de la puissance de son
génie. Bien qu'il ne ressorte pas au premier abord de la
lecture de l'*Histoire* que le Cardinal s'y soit donné un
rôle plus important ou plus méritoire que celui qu'il tint
pendant les vingt années de son ministère, un contrôle
attentif à l'aide des documents originaux qui servirent à sa
rédaction prouve que la réalité des faits y fut habilement

---

1. Affaires étrangères, Mém. et documents, Turquie, vol. 28, titre 3. Ce
fragment, sans doute extrait en 1717 par N.-L. Le Dran, a trait à l'année
1634; il commence par les mots : « Le Roi ayant envoyé quelques années
avant 1634 le comte de Marcheville... » et se termine par « ... mis dans
un vaisseau françois et renvoyé dans la chrétienté. »

déformée de façon à obtenir ce résultat. Cependant, bien que la véritable intention de Richelieu ait sans doute été d'écrire pour la postérité, il fallait à l'entreprise un motif avouable qui permît en même temps au Cardinal de s'en prévaloir auprès d'un monarque d'humeur inquiète et jalouse et dont il était nécessaire d'entretenir sans trêve les bonnes dispositions.

Le motif avouable, dont naturellement dut dépendre le choix du titre de l'œuvre, ne pouvait être autre que celui qu'énonce Richelieu dans le fragment de l'*Épître dédicatoire* du *Testament politique* plus haut cité. La glorification des armes et de la politique de Louis XIII, tel fut, au dire du Cardinal, le mobile auquel il obéit en concevant l'*Histoire*. Si donc il fit choix d'un titre pour cette œuvre, il dut, afin d'être logique, en arrêter un qui se rapprochât beaucoup de celui que nous signalions : *Histoire du roi Louis XIII.* L'aveu de Richelieu lui-même nous conduit par conséquent aux mêmes conclusions que le titre du manuscrit de Rouen cité à la fin du paragraphe précédent. Les maladies et les continuelles incommodités auxquelles la faiblesse de sa complexion se trouva sujette, jointes au poids des affaires, interrompirent malheureusement l'œuvre du Cardinal ; lui-même a pris soin de nous indiquer à quel point du travail il en était arrivé : « J'amassai non seulement avec soin la matière d'un tel ouvrage ; mais, qui plus est, j'en réduisis une partie en ordre et mis le cours de quelques années quasi en l'état auquel je prétendois le mettre au jour[1]. » Ces lignes ne délimitent-elles pas nettement trois états dans la confection de l'œuvre ? D'abord la réunion des matériaux : ce sont les mémoires pour servir à l'histoire, classés en livres, cahiers ou journaux ; ensuite la « réduction en ordre », qui, pour nous, correspond au véritable travail de composition, passage du style

1. *Épître dédicatoire* du *Testament politique.*

direct au style indirect, enchaînement par des transitions
des mémoires utilisés, additions, suppressions, modifications de toute sorte; enfin, en dernier lieu, la mise au net
du brouillon ainsi obtenu. Nous ne reviendrons plus sur
le premier point; mais les deux autres nous paraissent
nécessiter quelques explications.

Avant Avenel, on ne connaissait que le manuscrit en
huit volumes petit in-folio découvert par Foncemagne
dans les circonstances rapportées plus haut; il va de 1610
à 1638. Le savant éditeur des *Lettres et papiers d'État de
Richelieu* en découvrit un second[1] au même Dépôt des
Affaires étrangères, en neuf volumes in-folio, allant seulement de 1624 à 1630[2], et qu'il dénomma manuscrit A,
désignant le manuscrit déjà connu par la lettre B, afin
d'indiquer que le manuscrit le plus complet n'était en
somme qu'un succédané du nouveau manuscrit découvert.
B, en principe amélioration de A, n'en est en réalité qu'une
copie maladroite; ce ne peut être à proprement parler une
mise au net : car on y voit de nombreuses corrections et
ratures, ainsi que de fréquentes transpositions. En outre,
il embrasse une durée de vingt-huit années. Correspondant
bien au second état de la composition de l'œuvre indiqué
par Richelieu dans l'*Épître dédicatoire*, de « réduction en
ordre d'une partie », les manuscrits A et B ne répondent
donc pas au troisième état que le Cardinal définit ainsi :
« Je mis le cours de quelques années quasi en l'état auquel
je prétendois le mettre au jour. » Cette formule implique
un manuscrit d'une suffisante netteté, n'embrassant que

---

1. Pour tout ce qui est de l'étude des manuscrits A et B, nous ne pouvons que renvoyer aux excellents articles de M. Avenel dans le *Journal
des Savants* de 1858 et 1859.

2. Fort probablement, il existait pour les années 1610 à 1624 et 1630 à
1638 deux parties perdues de A, qui servirent à la confection de B. Leur
absence doit sans doute être attribuée à l'usage adopté par les rédacteurs
des *Mémoires* d'employer des cahiers de papier séparé. Voyez ci-après,
p. 268, note 1.

quelques années, et naturellement celles du début de
l' « Histoire ». N'est-il pas également vraisemblable, si ce
manuscrit se retrouve, qu'il sera précédé d'un titre, titre
destiné à l'ensemble de l'œuvre, puisque l'intention du
Cardinal était, au moment de sa rédaction, qu'il fût en état
d'être publié ?

Or, en 1730, à Amsterdam, avait paru chez Michel-
Charles Le Cène un volume in-4° intitulé : *Histoire de la
Mère et du Fils, c'est-à-dire de Marie de Médicis, femme
du grand Henry et mère de Louis XIII, roy de France et
de Navarre..., par François Eudes de Mézeray, historio-
grafe de France*, précédé d'une préface où l'on s'évertuait,
sans y réussir, à expliquer comme quoi l'historien avait
pris le masque du cardinal de Richelieu, et à concilier les
contradictions inséparables de cette attribution à Mézeray.
La seule raison qui l'autorisât consistait en ce que cette
histoire était passée avec les papiers de l'historiographe en
la possession de la Bibliothèque royale, le 18 octobre
1683[1]. Aussi ne tarda-t-on pas à réfuter cette assertion.
Deux ans après l'apparition de l'*Histoire de la Mère et du
Fils*, Camusat[2] s'en avisa, et Foncemagne, découvrant vers
1760 le manuscrit B, le compara avec la publication de
1730 et reconnut qu'à part le préambule, manquant
dans le manuscrit, et un fragment de l'année 1615 faisant
défaut dans l'imprimé, on avait affaire à la même œuvre.

1. Il est difficile de dire avec précision si le manuscrit de l'*Histoire de
la Mère et du Fils*, actuellement relié dans le manuscrit Franç. 20795,
entra à la Bibliothèque royale avec les papiers de Mézeray en 1683, ou
s'il faut ajouter foi au dire de l'éditeur de 1730, et croire que cette Histoire manuscrite est passée à la Bibliothèque royale avec les manuscrits
de Duchesne. Ceci semble également ressortir de ce que dit Foncemagne,
dans sa *Lettre sur le Testament politique...*, éd. 1764, t. II, p. 131. Le
manuscrit ne serait alors entré à la Bibliothèque du Roi qu'en 1708 avec
les papiers saisis chez Haudicquer de Blancourt.
2. Camusat, *Mémoires historiques et critiques sur divers points de
l'histoire de France*. Amsterdam, 1732, 2 vol. in-12.

L'auteur véritable de l'*Histoire de la Mère et du Fils* n'était donc autre que Richelieu.

Néanmoins, il était évident que la publication attribuée à Mézeray avait été faite sur un autre manuscrit que celui que Foncemagne avait découvert; outre les différences signalées plus haut, quelques divergences de texte le prouvaient. Au reste, l'éditeur de l'*Histoire de la Mère et du Fils* ne s'exprimait-il pas ainsi dans la préface : « Celui-ci [le récit intitulé *Histoire de la Mère et du Fils*] se trouve en manuscrit dans la Bibliothèque du roi de France et est du nombre des manuscrits de Mézeray qui y ont été transportés du cabinet de Duchesne. » La *Bibliothèque historique de la France* du P. Lelong signalait le même manuscrit sous le n° 8672 dans les termes suivants : « *Histoire de la Mère et du Fils...*, par François Eudes de Mézeray. Cette histoire est conservée en cahiers dans la Bibliothèque du Roy. C'est une ébauche de la suite de son *Histoire de France*[1]. »

Les recherches de Foncemagne pour retrouver ce manuscrit furent vaines. Aussi bien Melot, garde des manuscrits de la Bibliothèque royale de 1741 à 1759, l'avait-il assuré formellement de sa disparition. Il n'en induisit pas moins, avec beaucoup de perspicacité, que le

---

1. Une copie de cet article de la *Bibliothèque historique* du P. Lelong, placée en tête du manuscrit de l'*Histoire de la Mère et du Fils* (Franç. 20795), a induit M. Hanotaux à croire que ce manuscrit avait été copié sur le manuscrit A des Affaires étrangères (*Revue historique*, mai-août 1878). Or, cette note ne vise pas un manuscrit sur lequel le 20795 aurait été copié, mais le 20795 lui-même. Les trois manuscrits, du reste, furent transcrits sur des cahiers qu'on ne relia que beaucoup plus tard. Avenel l'a démontré pour A et B (*Journal des Savants*, mars 1858, p. 499, note 1), et les répliques qui se trouvent approximativement de quinze en quinze pages dans le manuscrit 20795 ne laissent aucun doute à cet égard. — A propos de cet article du P. Lelong, remarquons que c'est en partie sur la foi de cette assertion erronée, datant de 1719, onze ans avant l'impression de l'ouvrage, que les éditeurs de l'*Histoire de la Mère et du Fils* en attribuèrent la paternité à Mézeray.

manuscrit perdu, ne comprenant que les dix premières années du règne, devait précisément représenter cette mise en état de quelques années pour l'impression dont parle le Cardinal. Mais, où nous pensons qu'il fait erreur, c'est lorsqu'il croit à des modifications dans le fond comme dans la forme apportées à l'œuvre par le Cardinal postérieurement à cette mise au net. Pour Foncemagne, le manuscrit qu'il découvrit, c'est-à-dire le manuscrit B, devait être une refonte du manuscrit perdu, dont on aurait supprimé le début comme n'ayant pas suffisamment trait à l'*Histoire de Louis XIII*, et continué le récit jusqu'en 1638. Un siècle après Foncemagne, Avenel, lui aussi, chercha vainement le manuscrit de l'*Histoire de la Mère et du Fils*, et n'attacha, semble-t-il, que peu de foi au dire de Champollion[1] se rappelant l'avoir vu quelques années auparavant à la Bibliothèque impériale. On le découvrit enfin de nos jours, et c'est à M. Hanotaux que revient l'honneur d'en avoir le premier signalé l'existence en 1878 dans un très remarquable article de la *Revue historique*[2].

Or, ce manuscrit, que nous appellerons le manuscrit M, et qui ne présente du reste aucune trace de l'écriture bien caractéristique de Mézeray[3], est manifestement copié sur le manuscrit B. S'il y manque un fragment important de l'année 1615, c'est que sans doute le cahier[4] sur lequel

1. *Mémoires de Mathieu Molé*, t. IV : *Notice sur les manuscrits de Mathieu Molé*.
2. Plus haut cité, p. 259, note 1.
3. Aussi l'indication que nous trouvons dans la notice consacrée à Mézeray par Fevret de Fontette (*Bibl. hist. de la France...*, par feu J. Lelong, nouv. éd. par Fevret de Fontette; Paris, J.-T. Hérissant, 1771, in-fol., t. III, p. lxxxvi), et d'après laquelle l'*Histoire de la Mère et du Fils* aurait été attribuée à Mézeray « parce qu'elle a été trouvée *écrite de sa main* dans ses papiers », est-elle complètement erronée.
4. Remarquons que le fragment de l'année 1615 qui fait défaut dans le manuscrit M commencerait précisément au début du folio 193. Il n'existe pas non plus au bas du folio 192 v° l'indication habituelle que nous lisons

il se trouvait fut égaré avant la reliure qu'on fit du manuscrit, en 1851 seulement ; peut-être est-ce d'ailleurs pour la
même raison que le préambule de M n'existe pas en B.
Cette différence de teneur exceptée, M reproduit exactement B, avec toutes les corrections et additions qu'il a
subies, quoique, comme Avenel l'avait remarqué pour les
rédacteurs qui copièrent B d'après A, ceux qui copièrent
M d'après B ne firent preuve ni d'une grande attention, ni
de beaucoup d'intelligence. Comparons les deux manuscrits : des mots qu'on a barrés dans B, il ne reste pas trace
dans M ; ceux qu'on a ajoutés entre les lignes dans B sont
à leur place en M dans le corps même du texte ; des fragments entiers ajoutés en marge de B sont intercalés en M
de la même façon[1].

Une main qu'Avenel croit être celle du Cardinal lui-
même a écrit en marge du manuscrit B quelques mots :
au folio 4 recto, précisant à quel confident le chancelier
de Sillery avait fait part de ses craintes, elle ajoute « à
Bullion » ; au folio 6 verso, elle ajoute de même en marge
le mot « disant ». La première de ces gloses était difficile à insérer dans le texte de la phrase que voici : « Il dit
ouvertement à ceux qu'il pouvoit rendre confidents de
sa crainte qu'il lui étoit impossible... » Aussi le scribe de
M, à qui son rôle inférieur ne permettait aucune modification de texte, s'est-il borné à reproduire en marge les
mots « à Bullion ». Quant au mot « disant », il l'a simplement intercalé à sa place dans le corps du texte[2]. De
même, au folio 172 de B, une main différente de celle du
copiste a écrit : « Il faut ici transcrire la harangue. » Le

---

au bas des autres, quand une année s'y termine : « Fin de l'année 1614 »,
« Fin de l'année 1616 », etc.

1. Ainsi plusieurs additions de la main de Sancy (manuscrit B, fol. 151 v°,
152 v°, 183, 184, etc.), et leur intercalation en M (fol. 175, 176, 189 et v°, 190).

2. Voici le passage en question : « Ils excusoient ensuite cette célèbre
compagnie, *disant* qu'en une action si importante, etc... »

scribe de M écrit de sa propre main (fol. 184) : « Faut ici
transcrire la harangue. » Les croix faites en marge de B ont
été fidèlement reproduites en marge de M. On a même tenu
compte en M des endroits où il avait été omis de passer à
la ligne quand il se trouvait en B un nouvel alinéa : ces
oublis sont indiqués dans le corps du texte par un petit
signe rectangulaire[1]. En somme, n'était le préambule qui
fait défaut en B, M ne présenterait d'autre intérêt qu'une
calligraphie plus soignée, jointe à une ponctuation généralement plus logique, quoique encore bien défectueuse.

Nous avions d'abord supposé que ce manuscrit, écrit de
quatre mains différentes[2], pouvait être contemporain du
Cardinal, et nous croyions y voir l'original de cette mise au
net dont il est parlé dans l'*Épître dédicatoire* du *Testament politique*. Vainement nous avons cherché à identifier
l'une de ces quatre écritures avec celle de l'un quelconque
des scribes qui travaillèrent aux manuscrits A et B. Nous fai-
sions fausse route : le fragment le plus important de M est
dû à la plume d'un scribe fréquemment employé par
Mézeray, et qui en particulier recopia le début de son
Histoire de France, ayant trait aux mœurs des Germains[3].
Il faut donc restituer à Mézeray, non pas la paternité de
l'*Histoire de la Mère et du Fils*, mais l'initiative de la

1. Voyez les manuscrits : B, fol. 152 v°, 167 v°, 444, 455 v°, et M,
fol. 175 v°, 181 v°, 287, 291 v°.
2. La plus grande partie du manuscrit français 20795 (ms. M) est de
la main du scribe dont le fac-similé n° I reproduit l'écriture. Cette seule
main a rédigé les folios 101 à 177, 181 v° à 184 v°, 193 à 211 v°, 215 à 216 v°,
218 à 221, 221 v° à 223, 224 à 238 v°, 239 à 294.
La seconde main (fac-similé n° II) a transcrit les folios 212 à 214 v°,
216 v° à 217 v°, 221 à 221 v°, 223 r° et v°, 238 v°, et deux lignes (les lignes
12 et 13) du fol. 243.
La troisième main (fac-similé n° III) a transcrit les folios 177 à 181 v°,
185 à 191.
La quatrième main (fac-similé n° IV) a transcrit les folios 191 v° à 192 v°.
3. Bibl. nat., Franç. 20793, fol. 192-201 v° : « Les Germains étoient
presque tous de même taille... » Cf. Mézeray, *Histoire de France*, éd. de
1685, t. I, p. 12. Dans le même manuscrit, de la même main, fol. 259-

meilleure des deux copies de ce début qui nous aient été conservées[1]; et du même coup s'explique l'attribution erronée des éditeurs de 1730 : non seulement l'*Histoire de la Mère et du Fils* avait été trouvée par eux dans les papiers de Mézeray, mais encore elle était en grande partie de la main d'un des scribes qui transcrivaient habituellement ses productions.

265 : *Tableau généalogique de la maison de France;* fol. 267-271 : *Règlement pour le logement de la cour.* On trouve des spécimens nombreux de l'écriture de ce copiste dans les manuscrits Franç. 20787, fol. 62, 332-342, 20796, fol. 141-148, 173-187 v°, 20797, fol. 377-393, etc.

1. Il existe en effet un autre manuscrit de cette première partie des *Mémoires,* qui passa de la bibliothèque de Monmerqué dans celle de M. G. Hanotaux, et que nous avons pu récemment étudier grâce à l'obligeance de l'éminent historien. Nous n'avons pas cru devoir compliquer la question, suffisamment obscure, des rapports existant entre les manuscrits B et M, en y introduisant un nouvel élément de comparaison, le manuscrit Hanotaux, que nous désignons par la lettre H. Au reste, ce manuscrit n'est qu'une copie du manuscrit M, dont il reproduit exactement la teneur (il embrasse les années 1600 à 1619), avec la même lacune à l'année 1615; les variantes assez nombreuses qu'on y remarque ont été ajoutées postérieurement par une main différente. Nous consignerons néanmoins ici quelques observations que son examen nous a suggérées :

1° Comprenant quatre tomes en deux volumes in-quarto reliés en veau et portant au dos le titre d'*Histoire de Marie de Médicis,* il ne semble pas l'œuvre d'un scribe; mais la main qui le copia paraît bien celle d'un amateur ou d'un érudit. Nous penchons même à croire que le manuscrit H aurait été la copie exécutée au début du xviii° siècle par l'un des éditeurs de 1730, d'après le « manuscrit de la Bibliothèque du roi de France », dont il est parlé à l'*Avertissement* de l'*Histoire de la mère et du fils.* En effet, la comparaison que l'on peut faire de cette édition et du manuscrit H nous en offre un sérieux indice. Outre la conformité des deux textes qui est frappante, une lacune de quelques lignes qu'on n'observe ni dans le manuscrit B, ni dans le manuscrit M, mais seulement dans le manuscrit H (vol. I, t. I, fol. 204 v°), se remarque identique dans l'imprimé de 1730 (p. 65, col. 1). La fin d'un paragraphe et tout le paragraphe suivant ont été sautés. Voici le passage omis : « ... celui du Dauphiné. Quant à celui de Normandie, ayant dessein de le retenir sous son nom, elle le lui refusa, et depuis au prince de Conti, qu'elle contenta par celui d'Auvergne qu'avoit lors M. d'Angoulême, qui étoit dans la Bastille » (*Mémoires,* éd. Michaud, t. I, p. 52, col. 2).

2° Quant aux rapports du manuscrit H avec les manuscrits B et M, il est impossible que H ait été copié sur B, puisque, ne reproduisant pas le fragment qui termine l'année 1615, que seul le manuscrit B nous a conservé, le copiste de H (vol. I, t. II, fol. 115) écrit, comme à la fin des

La copie que fit exécuter Mézeray dérive incontestable-
ment du manuscrit B; mais fut-elle faite directement sur
ce manuscrit? Nous ne le croyons pas; il dut exister, à notre
sens, un autre original correspondant mieux à la mise au
net dont il a été parlé, et n'embrassant d'ailleurs que le
préambule et les dix années auxquelles fait allusion
l'*Épître* du *Testament*. Ce manuscrit était une simple
copie de B, arrêtée en 1619, si l'on admet que B lui-même
débutait par un cahier aujourd'hui perdu contenant le
préambule, ou bien reproduisait en tête de B un manuscrit spécial à ce préambule. Mézeray en fit prendre une
copie littérale, et ceci explique les rapports que nous avons
signalés entre le manuscrit B et le manuscrit M. Quoi qu'il
en soit, ce que l'on pouvait dire de M, en le présumant
original, n'est pas moins vrai de la copie. Et, puisqu'il est
manifeste que M est une amélioration de B, Foncemagne
a eu tort de supposer que Richelieu, après 1640, avait supprimé la succincte récapitulation des événements qui précé-
dèrent la mort de Henri IV, de 1600 à 1610, c'est-à-dire le
Préambule. Puisque le dernier état l'a conservé, rien ne
nous autorise à supposer qu'il fût jamais dans la pensée de
l'auteur de le supprimer. Et, dans ce cas, n'aurait-il pas
fallu du moins modifier le début du manuscrit B pour qu'il
restât intelligible? Le voici :

Ce grand prince est mis par terre..., etc....

autres années : « Fin de l'année 1615. » Il est au contraire très probable
que le manuscrit H fut copié sur le manuscrit M, dans lequel la lacune
qui existe pour l'année 1615 commence au début d'un feuillet, sans qu'on
lise à la fin du précédent aucune indication d'achèvement pour l'année
1615. Un certain nombre de feuillets, peut-être un cahier du manuscrit M,
contenant le fragment que B nous a seul conservé, fut sans aucun doute
égaré, ce que la mention « Fin de l'année 1615 », que nous lisons en H,
ne permet pas de supposer pour ce dernier manuscrit. Le copiste de H,
qui n'avait sous les yeux que le manuscrit M, a fermement cru que le
récit des événements de l'année 1615 était achevé, et, croyant à un oubli
du scribe de M, a ajouté de son propre mouvement la mention plus haut
citée, qui se trouve dans le manuscrit M à la fin de toutes les autres
années.

Si puérile que cette remarque puisse paraître, le lecteur pourrait se demander de quel grand prince il s'agirait ?

N'était-ce pas aussi l'habitude généralement admise par les historiens de cette époque de faire précéder leur récit d'un sommaire récapitulatif, sorte de vestibule introduisant le lecteur dans le vif du sujet ? Richelieu suivait cet usage : la succincte narration du *Testament politique* nous le prouve. Quant à alléguer le désir qu'aurait eu le ministre, en lutte ouverte avec Marie de Médicis, de faire disparaître un fragment où « l'auteur parle souvent en sa faveur, et, s'il lui donne quelques défauts, ce n'est que pour faire croire plus facilement tout le bien qu'il en dit[1] », il nous semble que les termes dans lesquels il est parlé de la Reine mère au début de l'*Histoire*, et qui ne sont ni flatteurs ni offensants, furent pesés avec attention. Il eût du reste été difficile de présenter à Louis XIII une histoire où sa propre mère aurait été trop violemment prise à partie ; Richelieu se fût ainsi desservi. D'autre part, n'ayant pas eu à se plaindre de la Reine à l'époque dont traite ce début de l'*Histoire*, il lui suffisait de faire pressentir au moyen de quelques traits de caractère bien choisis quels pourraient être dans la suite les torts de Marie de Médicis ; arrivé à ce passage de l'*Histoire*, il serait temps d'insister.

Nous ne découvrons non plus aucune objection à ce que le titre qui se lit en tête du manuscrit M ait été celui que le Cardinal avait choisi pour son histoire. Le voici : *Histoire de la Mère et du Fils : de Marie de Médicis, femme du grand Henry, ET de Louis XIIIᵉ de ce nom.* Et remarquez la différence qui existe entre ce titre et celui que donnèrent intentionnellement à leur publication les éditeurs de 1730 : *Histoire de la Mère et du Fils, de Marie de Médicis, femme du grand Henry ET* MÈRE *de*

---

1. Expressions de la préface mise par les éditeurs de 1730 en tête de l'*Histoire de la Mère et du Fils.*

Louis XIIIe de ce nom. Ne s'étant pas rendu compte qu'ils n'avaient entre les mains que le début d'une œuvre dont l'ensemble était annoncé par le titre placé en tête, ils ne comprirent pas le sens de ce dernier et jugèrent indispensable la modification soulignée plus haut. Marie de Médicis devenait ainsi le centre, le véritable objet de l'œuvre qu'on publia de nouveau, sans plus de perspicacité, en 1743, sous le titre d'*Histoire de la Régence.* Au contraire, le titre authentique, beaucoup plus compréhensif, pourrait se traduire ainsi : « Histoire du roi Louis XIII, précédée de l'histoire de sa minorité. » Rien d'invraisemblable dès lors à ce que ce titre, rétabli dans sa véritable forme, s'appliquât à la totalité de ce qu'on appelle aujourd'hui les *Mémoires de Richelieu.*

Remarquons-le du reste, cette périphrase *la Mère et le Fils,* pour désigner Marie de Médicis et Louis XIII, est bien du style du Cardinal. Ouvrons le *Testament politique* : nous y trouverons, non plus, il est vrai, à l'occasion de Marie de Médicis et de son fils aîné, mais à propos de la même et de son fils cadet Gaston, la phrase suivante : « La mère et le fils avoient fait un accord plus contraire à l'État qu'à ceux dont ils poursuivoient ouvertement la ruine[1]... »

Le style pompeux du titre ne correspond pas moins à celui de tout le début de l'*Histoire.* Citons par exemple le terme de « grand Henri » répété dans le titre et dans le sommaire du premier livre[2].

Ce sont là, nous l'avouons, de simples présomptions, et malheureusement nous ne pouvons guère espérer que surgisse jamais quelque texte inédit fournissant la vérification

---

1. *Testament politique,* éd. de 1764, t. I, p. 22.
2. Voici ce sommaire : « Premier livre, qui contient succinctement ce qui doit être remarqué en la vie du grand Henri, sur le sujet de la Reine, sa femme, et du Roi. »

de notre hypothèse. On ne pourra du moins nier que le
titre plus haut cité ne convînt parfaitement à l'œuvre que
méditait et entreprit le Cardinal : l'histoire de son temps,
c'est-à-dire celle de sa vie politique ; celle-ci commença
vers 1614 sous la régence de la *mère* et ne devait s'ache-
ver que peu de temps avant la mort du *fils*. Quoi qu'il en
soit, avant que paraisse le premier volume de la nouvelle
édition des *Mémoires de Richelieu*, il nous a semblé qu'il
ne serait peut-être pas inutile d'attirer l'attention sur cette
question du titre, qui se rattache étroitement à celle de
la conception et de la composition de l'œuvre, l'étude
de l'une pouvant contribuer en quelque manière à l'éclair-
cissement de l'autre.

Grandeur qui consistent successivement
Ce qui doit estre remarqué en la vie du Grand
Henry sur le suiet de la Reyne sa femme, et
du Roy.

En l'an 1600 le grand Henry qui estoit digne de vivre autant que sa
gloire ayant affermy sa couronne sur sa teste, calmé son Estat, acquis
par son sang la paix et le repos de ses suiets, vaincu par les bonnes de
la France, et par la consideration du bien de son peuple qui pouvoit tout
sur luy, se resolut, chargé de victoires, de se vaincre soy mesme sous les
loix de mariage pour avoir lieu de laisser a cet Estat des heritiers de
sa Couronne et de sa vertu.

Pour cet effet j'iette les yeux sur toute l'Europe pour chercher une digne
compagne de sa gloire, et apres en avoir fait le circuit sans trouver
aucune partie ou il pust trouver l'accomplissement de ses desirs, il s'arresta
a Florence qui contenoit son suiet digne de borner le cours de sa recherche.

Il est touché de la reputation d'une princesse qui estoit en ce lieu princesse
petite fille de l'Empereur a cause de sa mère, et a raison de son père sortie
d'une Maison qui a presque autant d'hommes illustres que de princes.

une grande jurisdiction de la luy conserver

Cependant le trouble et l'estonnement de l'Arrest de M. le
Prince ne fust pas plustost cessé que le Mareschal d'An=
cre revient à la cour fil en estoit party avec un grand transport
il n'y vint pas avec une moindre presomption et esperance de re=
commencer a gouverner pis que jamais. Sa femme estoit si ab=
atuë de l'effroy ou elle estoit tombée, du quel nous avions
parlé cy devant, et d'un humeur melancholique que cette
crainte avoit irrité, qu'elle en estoit en quelque maniere tor=
tie hors de son bon sens ne partant plus d'un chambre où ne
voulant voir personne, croyant que tous ceux qui la regardois
ent l'ensorceloient et elle avoit entendue le bruit, qu'aus quels
a la personne de Barbin, qu'elle avoit pour ce sujet prie
de ne la plus aller voir.

Mais al a son arrivée demanda aud. Barbin s'il y avoit
plus de danger qu'il se meslast des affaires, l'autre qui sçavoit
qu'il estoit desja resolu de faire ce qu'il luy demandoit, et que
ne s'en abstiendroit que, quoy qu'il luy conseillast, mais re=
vovit dit à le monde que l'ambition le portoit à luy don=

Année 1665

Les Estats qui furent ouverts le 27. Octobre de l'année pre-
cedent continuerent jusques 23. Fevrier de cette...

La premiere contestation qu'ils eurent en iceux fut du Rang
auquel scavoir d'opiner d'avoir opinion d'avoir les chambres
Jusques le Roy... ma qu'ils opineroient par gouvernement
Tout le Royaume estant partagé en douze gouvernements
toutes les provinces par icelluy ... en comprises ...

... on ... a deliberé de la Reformation des abus
qui estoient en l'estat que l'on ... discutées content ... me
Comme l'occasion viendra n'estant par ce ... feuille.

La Chambre de la Noblesse envoya prier celle du Clergé
qu'elle se vouleurs joindre à elle, sous la plainte à ma... le grat-
nieur que l'assemblée, c'est peu de libre... sur la continuation
ou la revocation de la paulette, qui avendu les offices ... re-
straincts ... français, il plaira à sa ma... de ... le peuvent
... soient ... pour l'année suivante, lequel ... factio...
... ... commissions qui obligeront

quelque il ne doit pas recevoir ce temps d'aucune sorte estant
Maire de recevoir que ce mesme, qu'ung prétexte pour continuer la guerre
dautant qu'pour descouvrir son intention qu'il n'avoit caché luy ayant
proposé expres des conditions fort advantageuses pour luy a la
charge qu'il d'avouast ce premier, il y consentit, et Don ce Marquis
aduertir l'oue Majesté, a longue puisque ce D. Duc agissoit aure
prendre celle conniuissen auec le Roy d'Espagne des conditions juste
et raisonnables, aute acquitté celle le conscience des d'Espagnes
ce Premier Le commandeur de Sylos, y traita a Madrid, et y
demeura d'accord aute les Marques d'Espagne, le Duc en ayant aduis
et estoit-ou de ne pas obliz, a quoy il estoit Postifie pour les Ambassadeur
d'Angleterre et de Venise, qui n'avoient prise de luy, et beaucoup de grand
qui luy escrivoient de france que quoy que luy dist ce Marquise
ces Mamboullez le Roy ne l'abandonnoit point.

Le Marquise y remedia faisant que l'aure Majesté escrivit mesme en Angleterre et a Venise pour l'avoir d'aye trouvoient assister ce Duc et
Sauoye, et que qu'il respurbast des conditions juste et raisonnable
sous elle qu'elle se plust monstrer d'avoir le premier de Majesté,
luy promettant de ce recouvrir de tout ce force si ayant d'eaumet
ou luy voulvir courre sur, car le Roy d'Angleterre, et le Republiques
respondirent qu'on y mandroient a leur Ambassadour qu'ils eussent
a ce declarer au Duc de Sauoye, d'autre part et a fin que le Marquisal
dedigni mesme manda aux troupes françoises la ruzaut d'esquelle
despondorent d'eux, qu'ils eussent séance au D. Marquise, qui étoit
conseille de ne venir toutte en embarse et ne promettre pas que ce Duc

COMTE GABRIEL DE MUN

LES SOURCES DES *MÉMOIRES DE RICHELIEU*

DE 1635 A 1639.

En 1903, la Société de l'Histoire de France entreprenait une édition critique des *Mémoires de Richelieu*. Depuis longtemps, le besoin de cette édition se faisait sentir ; plusieurs fois même elle avait été commencée, mais, pour diverses raisons, avait dû être abandonnée. Parmi les nombreux titres que M. Jules Lair a laissés à la reconnaissance des historiens, le moindre n'est pas d'avoir repris avec succès ce projet : il a d'ailleurs laissé d'actifs collaborateurs qui pourront mener à bien cette tentative nouvelle. Déjà de précieux résultats de leur enquête préliminaire ont été publiés[1]. Le caractère des *Mémoires*, précédemment entrevu, a été nettement défini[2] ; le travail de composition a été esquissé dans ses grandes lignes[3] ; le nom du « secrétaire des *Mémoires* » révélé[4] ; enfin, un chapitre

1. Fascicules I et II des présents *Rapports et Notices*.
2. Ci-dessus, fasc. I, p. 17 (*Rapport de M. Poincaré*, 1903) : « Ce qu'on appelle les *Mémoires* du cardinal de Richelieu ne sont pas des *Mémoires* au sens ordinaire du mot, mais la collection des notes qui lui étaient envoyées par ses agents, des avis qui lui étaient adressés sur sa demande par ses conseillers, et enfin des fragments de toute sorte dus au Cardinal lui-même ou à ses secrétaires. »
3. Ci-dessus, fasc. I, p. 38-39 (R. Lavollée) ; p. 76 (J. Lair).
4. Achille de Harlay de Sancy, évêque de Saint-Malo de 1631 à 1646. Voyez R. Lavollée, *le Secrétaire des Mémoires de Richelieu*, dans la

inédit, relatif aux affaires de Piémont en 1639, a été reconstitué et publié[1].

Au cours de nos recherches sur l'ambassade de Particelli
d'Hémery à Turin, de 1635 à 1639[2], nous avions été
frappé, d'une part, de voir reproduits dans les *Mémoires*
des passages entiers de ses dépêches, et, d'autre part, des
annotations et corrections que portaient plusieurs d'entre
elles. Toutes ces particularités ont été expliquées par
M. Robert Lavollée[3], et les nouveaux éditeurs se préoccu-
peront de rechercher quels documents ont été utilisés, et
dans quelle mesure, pour constituer le texte des *Mémoires*
tel qu'il nous est connu par les manuscrits 49-56 du fonds
France des archives des Affaires étrangères. « Ce contrôle
des *Mémoires* à l'aide des pièces originales constituera le
caractère vraiment nouveau de l'édition », a fait remarquer
M. Lair à ce propos.

Désirant contribuer à ce travail de contrôle, nous
avons soigneusement noté toutes les dépêches, princi-
palement de d'Hémery, qui, en raison soit de la conformité du texte, soit des annotations qu'elles portent,
ont dû servir à rédiger la partie des *Mémoires* relative
aux affaires de Piémont de 1635 à 1639[4]. Comparant
ensuite la série de ces dépêches au texte des *Mémoires*
(éd. Michaud et Poujoulat), nous avons dressé le tableau
qui va suivre.

Revue des Études historiques, septembre-octobre 1904, et ci-dessus,
p. 35.

1. R. Lavollée, *Un chapitre en préparation des Mémoires de Richelieu*, ci-dessus, fasc. II, p. 107 et suivantes.

2. *Richelieu et la maison de Savoie : l'ambassade de Particelli
d'Hémery en Piémont (1635-1639)*; Paris, Plon, 1907.

3. Ci-dessus, fasc. I, p. 35 et suiv., et fasc. II, p. 109-111.

4. Les *Mémoires* s'arrêtent à la fin de 1638. Mais ils devaient être
continués; le travail de préparation (choix et annotation de documents)
était beaucoup plus avancé. M. R. Lavollée (ci-dessus, fasc. II) a donné
un chapitre inédit sur les affaires de Savoie en 1639, et, par sa minutieuse
annotation, où la source de chaque passage est indiquée, il a rendu inutile
la publication de nos notes pour 1639.

Au-dessous de chaque paragraphe de ce texte[1], nous indiquons le document utilisé pour sa rédaction. La mention *textuellement* signifie que sa teneur est absolument conforme à celle des *Mémoires*[2], et c'est le cas le plus fréquent; mais, souvent aussi, une dépêche a simplement été résumée, et, si quelques expressions typiques en décèlent l'utilisation, on se trouve néanmoins en présence d'une rédaction toute nouvelle. Nous nous sommes borné, dans ce cas, à indiquer *la* ou *les* sources probables. Le soin que nous avons pris de mentionner[3] même les paragraphes dont nous n'avons pas rencontré[4] la source permettra de se rendre compte aisément du travail qui reste à faire, et surtout de l'importance relative des emprunts faits aux dépêches de d'Hémery[5]. Ce travail n'a été exécuté que dans la pensée d'être utile à ceux qui préparent l'édition définitive des *Mémoires de Richelieu*, tâche dont on ne saurait trop

1. Que nous n'avons pas cru devoir reproduire *in extenso,* nous bornant à donner les premiers et derniers mots de chaque paragraphe.

2. Abstraction faite, bien entendu, des légères corrections de style (discours indirect au lieu du discours direct, temps passé au lieu du temps présent) et des formules d'introduction (ledit duc dit aussi que, ... notre ambassadeur lui repartit que, ... etc., etc.).

3. Non seulement en reproduisant les premiers et derniers mots, mais encore par un astérisque après leur numéro d'ordre, ce qui permet des recherches plus rapides et évite toute confusion.

4. Nous disons *rencontré* et non point *trouvé.* L'objet principal de nos recherches était de déterminer le rôle de d'Hémery dans les affaires d'Italie : de là, dans la liste des emprunts du rédacteur des *Mémoires,* des lacunes que, pour le moment, nous n'avons pas cherché à combler; mais les explications qui vont suivre en fourniront peut-être le moyen pratique.

5. A ce point de vue, on peut remarquer : 1° que les dépêches de d'Hémery, en raison sans doute de sa clarté d'exposition, de la netteté et de la profondeur de ses vues, ont été abondamment utilisées; 2° que, pour le récit des affaires de Piémont de 1635 à 1639, la part propre au rédacteur des *Mémoires* est, en somme, minime, si l'on fait abstraction du choix des documents et des passages à employer; 3° qu'au regard de la vérité historique, les *Mémoires* constituent une source sans doute incomplète, puisqu'elle ne donne que la version française des événements, mais exacte cependant dans l'exposé des faits, puisqu'elle repose sur des documents authentiques.

souhaiter, et, dans la mesure de ses forces, hâter l'achèvement.

C'est également dans cette pensée que nous présenterons maintenant quelques observations sur les ressources qu'offrent certains documents des Archives des Affaires étrangères pour la détermination des sources des *Mémoires* pendant la période qui s'étend de 1630 à 1638.

M. R. Lavollée[1], après avoir étudié le manuscrit Franç. 17554 de la Bibliothèque nationale, a montré que les documents que l'on voulait utiliser pour la rédaction des *Mémoires* devaient être réunis et groupés en cahiers paginés, relatifs soit à un pays, soit à une affaire. Il y aurait eu ainsi, par exemple, un « Cahier d'Italie », un « Cahier d'Angleterre », un « Cahier de M. de Sabran[2] ». Et précisément, d'après les indications du manuscrit Franç. 17554, contenant le canevas du chapitre inédit relatif aux affaires de Piémont en 1639, M. Lavollée a pu reconstituer le « Cahier d'Italie » de cette année-là.

Or, un manuscrit des Affaires étrangères (Mémoires et Documents, France 258, fol. 58 et suiv.) renferme un « Inventaire des documents relatifs à l'année 1639 qui se trouvaient dans le cabinet de Richelieu[3] ». Cet inventaire comprend quarante-six chapitres ou groupes de documents, dont le détail est donné. Le n° 4 porte le titre de *Journal de M. le cardinal de la Valette*, et énumère[4] une série de dépêches ou mémoires relatifs aux affaires d'Italie, où le cardinal commandait nos armées. Or, ce *Journal*, dont ce chapitre 4 est l'inventaire, n'est pas autre chose que le « Cahier d'Italie » signalé par M. Lavollée. En

1. Ci-dessus, fasc. II, p. 109 et 111 ; et aussi fasc. I, p. 35 et suivantes. La démonstration de l'auteur est concluante.

2. Ambassadeur de France à Gênes.

3. Ce titre ne figure pas sur le document ; ce n'est que la rubrique sous laquelle la pièce est désignée dans l'*Inventaire du Dépôt des Affaires étrangères*.

4. En renvoyant aux pages.

effet : 1° comme ce dernier, il comprenait 982 pages[1];
2° en comparant un certain nombre de renvois pris au
hasard, pour les mêmes documents, par M. Lavollée
(d'après le manuscrit Franç. 17554), au « Cahier d'Italie »,
et, par cet inventaire, au *Journal de M. le cardinal de la
Valette*, on constate une correspondance complète; ainsi :

a) Instruction au sieur d'Hémery, du 5 avril 1639 :
Cahier d'Italie, p. 85 (Lavollée, ci-dessus, fasc. II, p. 136,
note 1).
Journal de M. de la Valette, p. 85 (Inventaire, fol. 70).

b) Lettre de Richelieu à la Valette, 8 avril 1639 :
Cahier d'Italie, p. 94-95 (Lavollée, *ibidem*, p. 143, note 2).
Journal....., p. 93 et suivantes[2] (Inventaire, fol. 70).

c) La Valette à Richelieu, 20 avril 1639 :
Cahier d'Italie, p. 147 (Lavollée, p. 147, note 1).
Journal....., p. 147 (Inventaire, fol. 72).

d) Instruction à Chavigny, du 21 avril 1639 :
Cahier d'Italie, p. 123-124 (Lavollée, p. 149, note 2).
Journal....., p. 123 et suivantes (Inventaire, fol. 72).

e) Lettre de Richelieu à la duchesse de Savoie portée par
Chavigny :
Cahier d'Italie, p. 131 (Lavollée, p. 153, note 3).
Journal....., p. 131 (Inventaire, fol. 72).

f) Relation sur la prise de Trin :
Cahier d'Italie, p. 387-388 (Lavollée, p. 191, note 1).
Journal....., p. 387 (Inventaire, fol. 79).

g) La Valette à Richelieu, 30 juin 1639 :
Cahier d'Italie, p. 447-448 (Lavollée, p. 197, note 1).
Journal....., p. 447 (Inventaire, fol. 80).

h) Louis XIII à MM. de la Valette et de Longueville, du
16 août :
Cahier d'Italie, p. 519 et suivantes (Lavollée, p. 215, note 2).
Journal....., p. 519 (Inventaire, fol. 82).

1. Pour le dernier document qu'il cite, l'Inventaire renvoie à la p. 981.
2. Le passage qui devait entrer dans les *Mémoires* se trouvait p. 94-95.
L'Inventaire, au contraire, donne la page à laquelle commençait la lettre

19

i) Projet de traité, du 6 septembre 1639 :
Cahier d'Italie, p. 677 et suivantes (Lavollée, p. 243, note 1).
Journal....., p. 677 (Inventaire, fol. 85).

Donc, l'identité entre le « Cahier d'Italie » auquel renvoie le manuscrit Franç. 17554, et dont M. Lavollée a retrouvé les documents épars dans deux volumes des Affaires étrangères, et le *Journal de M. le cardinal de la Valette*, dont il nous reste un inventaire très détaillé, ne saurait faire le moindre doute, et ce fait suggère d'intéressantes conclusions.

Si le *Journal de M. de la Valette* a été constitué en vue de la rédaction des *Mémoires*, puisqu'il est identique au « Cahier d'Italie », les autres *Journaux* ou *Cahiers* énumérés et détaillés dans le même inventaire sembleraient avoir été établis dans la même intention. Ainsi, nous trouvons au fol. 94 : *Journal d'Italie depuis la mort de M. le cardinal de la Valette, et que M. le comte d'Harcourt y commanda les armes du Roi, octobre 1639.* Il fait suite à celui dont il vient d'être question et comprenait environ 195 pages[1]. Au fol. 102 : *Journal de M. le duc de Weymar*, environ 117 pages; au fol. 106 : *Journal de M. de Feuquière*, environ 113 pages.

Toutefois, les quarante-six numéros (ou chapitres) de l'inventaire ne paraissent pas tous avoir été des cahiers paginés. En effet, l'inventaire ne comporte assez souvent, le plus souvent même, qu'une énumération de pièces, sans renvoi aux pages.

On conçoit aisément quelles ressources offriraient ces inventaires aux éditeurs des *Mémoires* pour déterminer les éléments de chaque passage du texte, si l'on en possédait la collection complète. Sans doute, ces *Journaux* ou

---

en question, et qui était la p. 93. On voit que cette différence apparente s'explique très bien et que la concordance reste absolue.

1. Nous disons *environ*, de même que pour les suivants, car l'inventaire n'indique que la page où commence le dernier document cité.

Cahiers ont été démembrés et répartis entre divers volumes des Affaires étrangères[1]; mais, du moins, les inventaires permettraient de diriger les recherches. Or, pour chacune des années de 1628 à 1642, il existe aux Affaires étrangères (Mémoires et Documents, France 248, 249, 250, 252-258, 286-288) un inventaire de cette sorte[2]. Nous n'avons examiné que ceux relatifs à notre travail, c'est-à-dire les volumes 254, 255, 256, 257 et 258. Dans chacun d'eux, il est question d'un *Journal d'Italie*[3].

Cette série d'inventaires a été rédigée au xviiie siècle, sans doute entre 1710 et 1715. A cette époque, en effet, les papiers de Richelieu, par la succession de la deuxième duchesse d'Aiguillon, venaient d'entrer aux Affaires étrangères, et Torcy, qui organisait alors ce dépôt, aura voulu conserver une trace de leur classement. Or, les inventaires que nous signalons sont probablement ceux qui furent dressés d'après les « cahiers » constitués en vue des *Mémoires*, et parvenus intacts aux Affaires étrangères au début du xviiie siècle.

Nous avions dressé le tableau des sources des *Mémoires* pour cette période avant d'avoir consulté ces inventaires. Un contrôle rapide nous a permis de constater que tous les documents signalés comme source textuelle de tel ou tel passage des *Mémoires* se trouvent bien mentionnés dans ces inventaires.

1. Et même ailleurs, puisqu'on trouve des documents provenant du cabinet de Richelieu dans des collections de la Bibliothèque nationale.

2. Pour la période antérieure, il faudrait peut-être examiner le volume 246 : *Analyse des lettres reçues et écrites par Richelieu en 1624, 1626 et 1627.*

3. « Journal d'Italie commençant en juillet 1635 » (vol. 254, fol. 181 v°), avec l'indication : p. 1 à 493 ; — « Journal d'Italie commençant en mars [1636] », p. 1-699 (vol. 255, fol. 122); — « Journal de Savoie » [1637], p. 1-621 (vol. 256, fol. 142-157); — « Journal d'Italie » [1638], p. 1-635 (vol. 257, fol. 180); — « Journal de M. le cardinal de la Valette », p. 1-981 (vol. 258, fol. 68-89); « Journal d'Italie depuis la mort de M. le cardinal de la Valette, etc., ... octobre 1639 » (vol. 258, fol. 94).

L'examen de ces inventaires de 1635 à 1639 nous a amené à d'autres constatations, qui ont également leur intérêt :

1° Ces inventaires signalent ordinairement[1] un *Journal par mois et par jour* de ce qui est arrivé pendant le cours d'une année. Or, pour la période comprise entre 1635 et 1639, il nous en reste au moins trois[2]. Comme leur titre l'indique, ils énumèrent, dans un ordre strictement chronologique, et d'une manière très brève, les principaux événements de l'année. En marge se trouvent des renvois aux autres *Journaux* ou groupes de documents pour supplément de détails. Presque tous les articles ont été biffés comme à la suite d'un récolement. Enfin, quelques-uns portent des annotations caractéristiques de l'utilisation dans les *Mémoires*.

2° Outre ce *Journal par mois et par jour*, qui est qualifié quelque part de *Petit Journal* (Aff. étr., France 256, fol. 111), il y a pour chaque année[3] un *Journal* désigné par l'année à laquelle il s'applique, par exemple, *Journal de 1635*.

Deux notes manuscrites nous expliquent ce mécanisme. La première se trouve au début du *Petit Journal de 1635*, relié avec le tome VII des *Mémoires de Richelieu* (Aff. étr., France 55, fol. 317). Après cette mention, dans le coin à gauche : *Mémoires du cardinal de Richelieu pour son Histoire*, on lit : *Journal de 1635. Outre le gros journal, qui est composé de différents papiers mentionnés dans celui-ci, il y a plusieurs autres journaux particuliers de ladite année 1635, qu'il est à propos*

1. Par exemple, Mémoires et Documents, France 254 (1635), fol. 175.

2. Pour 1635, ce Journal a été relié dans le 7° volume du manuscrit des *Mémoires de Richelieu* (France 55, fol. 317-341); — pour 1636, il se trouve dans le volume France 255, fol. 83-115; — pour 1637, dans France 256, fol. 111.

3. Ainsi, pour l'année 1635, ce Journal, différent du *Petit Journal*, est mentionné dans l'inventaire (France 254, fol. 183); de même, pour l'année 1636, mention en est faite dans l'inventaire (France 255, fol. 117).

*de voir lorsqu'on travaillera à ladite année. Savoir : le
journal de Flandre..., celui d'Italie..., celui de M. le cardinal de la Valette..., etc..., etc....*

La deuxième note se lit au folio 82 du volume
France 255, après la mention : *Mémoires du cardinal
de Richelieu pour son Histoire*, et elle est ainsi conçue :
*Journal de 1636. Outre le Journal des pièces différentes
de l'année 1636, il faut encore voir : celui de Monsieur le
Prince..., celui de M. le cardinal de la Valette..., celui
d'Italie..., celui de Hollande..., etc....*

Or, précisément, l'inventaire de ces divers journaux
figure dans l'ensemble que nous venons de signaler.
Ces notes établissent donc le rapport étroit qui existe
entre les inventaires que nous avons et les cahiers[1] qui
ont dû être constitués en vue de la rédaction des
Mémoires; en même temps, elles nous font connaître
très nettement l'organisation du cabinet de Richelieu :
tous les documents qui y étaient centralisés étaient
répartis en un certain nombre de liasses et cahiers, d'importance inégale, et désignés soit par un nom de pays,
soit par un nom de personne, soit par un titre d'affaire. Il
y avait d'abord le *Gros Journal*, recueil de diverses pièces
d'intérêt général, puis toute une série de *Journaux spéciaux*. En même temps et pour guider les recherches, un
Petit Journal, ou liste chronologique des principaux événements, avec renvois soit au *Gros Journal,* soit aux
Journaux spéciaux.

Lors de la rédaction des *Mémoires*, des notes indi-
quaient quels étaient, parmi tous ces divers journaux ou
paquets, ceux qu'il fallait consulter de préférence.

---

1. Ces notes établissent en même temps la réalité de ces *Cahiers*, que
M. Lair (ci-dessus, fasc. I, p. 76) n'a osé que supposer : « Ces documents
semblent avoir été groupés. »

APPENDICE.

SOURCES DE LA PARTIE DES « MÉMOIRES DE RICHELIEU[1] »
RELATIVE AUX AFFAIRES DE PIÉMONT DE 1635 A 1638[2].

Année 1635.

1*. Afin que le roi d'Espagne ..... en ce dessein (t. VIII, p. 595).

2. Le Roi ensuite ..... pour le regard de l'Italie.
Instruction à d'Hémery, 4 août 1635 (Italie 23, pièce 52; Avenel, *Lettres de Richelieu*, t. V, p. 141).

3. En Italie ..... fort de cavalerie (p. 644).
Hémery à Richelieu, 7 et 10 septembre (*ibidem*, fol. 197 et 210).

4. Les ennemis voyant ..... ou trente soldats.
Hémery à Richelieu, 27 septembre (fol. 249 et 252); textuellement.

5. Nous avancions ..... tinrent pied.
Même lettre (fol. 252).

6. Sa Sainteté ..... famille des Barberins (p. 644-645).
a) Document sans date ni signature annoté en vue des *Mémoires* (fol. 449); *b)* Hémery à Richelieu, 27 septembre (fol. 254 v[o][3]).

1. La pagination indiquée à la suite de chaque article se rapporte à l'édition des *Mémoires* donnée par Michaud et Poujoulat dans leur *Nouvelle collection des mémoires relatifs à l'histoire de France*, 2ᵉ série, t. VIII et IX.
2. 1635, date à laquelle d'Hémery fut envoyé à la cour de Turin, en qualité d'ambassadeur ordinaire de France; 1638, date à laquelle s'arrête brusquement ce que nous connaissons des *Mémoires*. On sait comment M. Lavollée a reconstitué la partie qui aurait été relative aux affaires du Piémont pour l'année 1639.
3. Voyez aussi fol. 261, dans une lettre de Le Camus (beau-frère de d'Hémery et intendant des finances à l'armée d'Italie) à Richelieu, 30 septembre 1635, un récit détaillé et intéressant des négociations du nonce auprès du duc de Parme.

7. Le maréchal de Créquy ..... le duc de Créquy (p. 645).
Même lettre (fol. 249); textuellement.

8*. De sorte que cette jalousie ..... duc de Créquy.

9. Joint que ..... mauvaise audit duc.
Hémery à Richelieu, 2 octobre (fol. 341).

10. Qui de soi ..... pas à bout.
Même lettre (fol. 341).

11*. Ledit duc ..... un pont.

12. Dès le lendemain ..... pas disposé.
Même lettre (fol. 341); textuellement.

13. Les ennemis cependant ..... que celle-là.
Même lettre (fol. 341).

14. Néanmoins notre ambassadeur ..... changer d'opinion.
Hémery à Richelieu, 17 octobre[1] (fol. 372); textuellement[2].

15. A son arrivée ..... de Turin.
Même lettre; textuellement.

16. Le 19 octobre ..... ni les ennemis (p. 645-646).
Hémery à Richelieu, 29 octobre (fol. 428); textuellement,
mais avec de nombreuses coupures.

17. L'armée demeura ..... d'en répondre.
Même lettre (fol. 428), et Créquy à Richelieu, 29 octobre
(fol. 436), annotée en vue des *Mémoires*.

18. A trois jours ..... en l'armée (p. 646-649[3]).
Peut-être Hémery à Richelieu, 29 octobre (fol. 428).

19. Où il se faisoit ..... ambassadeur (p. 649).
Hémery à Richelieu, 30 novembre (fol. 518).

20*. Le lendemain ..... jusqu'alors.

21*. Il est certain que le duc ..... maréchal de Créquy.

---

1. Et non pas 14, comme il est porté en tête du document par mégarde.
2. Dans cette lettre, on trouve plusieurs détails intéressants sur la discussion qu'eut d'Hémery avec le duc de Savoie, détails que le rédacteur des *Mémoires* n'a pas cru devoir insérer dans son travail.
3. Dans l'édition Michaud et Poujoulat, par suite d'une erreur typographique, il n'y a pas au tome VIII (2e série) de pages 647 et 648. Après 646 vient immédiatement 649.

22. Les troupes du Roi ..... service du Roi.
Hémery à Richelieu, 29 octobre (fol. 428); textuellement.

23. Le duc de Savoie ..... faire de sa part (p. 649-650).
Hémery à Richelieu, 30 novembre (fol. 518); textuellement.

24. Toutes ces raisons ..... persuader (p. 650).
Peut-être même lettre (fol. 518).

25. Il demanda ..... Espagnols.
Hémery à Richelieu, 9 novembre (fol. 473); état de ce qui est nécessaire en Italie.

26. S. M. ..... que des siens propres.
Richelieu au duc de Savoie, [19] novembre (pièce 219). Analysée dans Avenel, t. V, p. 953.

27*. Ensuite de quoi ..... en Italie.

28*. Cependant dès que ..... de Savoie et de Parme.

29. Le duc de Savoie ..... avec le duc de Parme.
Discours sur le dessein de fortification de Brême (fol. 622).

30. Auquel il fut d'avis ..... dans ses États (p. 651).
Journalier de ce qui s'est passé au voyage des troupes par le Milanais allant dans l'État de Parme (fol. 551).

31. La fortification de Breme ..... à discrétion.
a) Hémery à Richelieu, [12] décembre (Italie 24, fol. 178);
b) Relation de ce qui s'est passé à la prise de Candie (*Ibidem* 23, fol. 597).

32*. Et la crainte ..... pour le Brésil.

Année 1636.

1*. La levée du siège de Valence ..... à l'armée du Roi[1] (t. IX, p. 33).

2. Le Cardinal eut grand soin ..... pour rétablir celles d'Italie (p. 33-34).
Richelieu au P. Monod, 18 novembre 1635 (Italie 23, pièce 221; édit. Avenel, t. V, p. 346); presque textuellement.

1. C'était la thèse de Créquy et de ses partisans (cf. *Mémoires*, t. VIII, p. 649).

3*. Le duc de Savoie manda ..... en cette année-là [1].

4. S. M. accorda ..... qui l'avoit désiré [2].

Richelieu à d'Hémery, 19 novembre 1635 (Mantoue 5, pièce 58 ; Avenel, t. VIII, p. 291).

5*. Cependant il y eut ..... pour le défendre [3].

6*. Le duc de Parme ..... le comte de Noailles [4].

7*. Et pour ce que le Pape ..... entre les mains de Sa Sainteté.

8*. S. M. envoyant ..... réprimer leurs entreprises (p. 34-35).

9. Mais les offices ..... et à toute sa maison.

Richelieu au pape, 20 (?) juillet 1636 (Rome 58, fol. 587 ; Avenel, t. V, p. 980).

10*. Enfin Sa Sainteté ..... l'avis du cardinal Antoine.

11. Mais on lui manda ..... les intérêts de la France (p. 35-36).

Richelieu à Mazarin, 7 octobre 1636 (Rome 58, fol. 260) ; textuellement.

12*. Le duc de Parme ..... avec magnificence [5] (p. 36).

13. Les ducs et pairs ..... ce qu'ils firent.

Richelieu au Roi, 22 février [6] (Parme 1 ; Avenel, t. VII, p. 747) ; textuellement.

1. *Mémoires*, t. VIII, p. 650, et ci-dessus, année 1635, n° 20.
2. *Mémoires*, t. VIII, p. 650, et ci-dessus, année 1635, n° 21.
3. C'est là le sommaire des dépêches adressées à la Cour par d'Hémery à la fin de 1635 et au début (janvier) de 1636 ; voyez Italie 23 et 24.
4. *Mémoires*, t. VIII, p. 644, ci-dessus, année 1635, n° 4 ; et un mémoire de Cherré sur les affaires de 1635, qu'Avenel (t. VII, p. 741, note) signale comme ayant été utilisé pour les *Mémoires* et se trouvant relié dans le septième volume du manuscrit des *Mémoires* aux Affaires étrangères.
5. La *Gazette de France*, année 1636 (février et mars), donne de minutieux et intéressants détails sur le séjour du duc de Parme à Paris.
6. Avenel, s'appuyant sur cette lettre et deux autres de M. de Bruslon, maître des cérémonies, pour lesquelles malheureusement il ne donne pas de référence, croit devoir rejeter la date du 11 février donnée par le P. Griffet (t. II, p. 684) comme celle de l'arrivée du duc de Parme à Paris et celle du 16 février fournie par les *Mémoires* (t. IX, p. 36), pour adopter celle du 19. Mais : 1° la lettre de Richelieu du 22 février ne semble pas autoriser pareille rectification ; l'arrivée du duc à Paris et la

14. Il reçut de S. M. ..... pour la duchesse sa femme.

Mémoire de Richelieu à d'Hémery, 18 mars (Parme 1; Avenel, t. VIII, p. 298).

15. En ce temps-là nous manquâmes ..... que l'on ne sauroit passer (p. 36-37).

Il y a toute une série de dépêches dont ce passage est le résumé : Hémery à Richelieu, 27 septembre 1635 (Italie 23, fol. 233); Le Camus au même, 30 septembre et 20 octobre 1635 (fol. 261 et 267); Hémery au même, [12] décembre 1635, 27 février et 20 mars 1636 (Italie 24, fol. 159, 178 et 220).

16*. Incontinent après ..... agréable de le voir [1].

17*. Il ne fut pas plutôt parti ..... le ruinèrent [2].

18*. Le marquis Ville mena ..... entre Novare et Mortara [3] (p. 37-38).

19. Le marquis de Léganez ..... s'ils l'eussent attaqué. (*Ibidem*, fol. 182); textuellement.

20. Les Espagnols cependant ..... et mille hommes de pied. Hémery à Richelieu, 20 mars 1636 (fol. 220); textuellement.

21. Le duc de Modène ..... des sujets du duc de Parme. (*Ibidem*, fol. 216).

22*. Par le moyen de ces postes ..... dans le Parmesan.

23. Notre ambassadeur ..... où ils en avaient nécessité. Hémery à Richelieu, 24 mars (fol. 218).

24*. Et pour ce que les Espagnols ..... aux dépens de S. M.

25*. Il y avoit grande difficulté ..... ce qu'il craignoit infiniment [5] (p. 38-39).

26*. Mais enfin il fut jugé ..... s'ils se présentoient [4].

visite des pairs n'ont pas eu lieu nécessairement le même jour; 2º la *Gazette* du 23 février 1636 (p. 119), qui donne jour par jour l'emploi du temps du duc de Parme depuis le 16 février, établit irréfutablement qu'il arriva à Paris le 16 février.

1. Depuis : Et ce qui apporta.....

2. Voyez peut-être pour la source le mémoire de d'Hémery de mars 1636 (Parme 1).

3. Sommaire des dépêches de d'Hémery de janvier et février (Italie 24).

4. Suivant toute vraisemblance, emprunté à quelque dépêche de d'Hémery.

27*. Le duc de Savoie ne consentit ..... enfin il se rendit.

28*. Mais comme c'étoit à regret ..... d'attendre un si long-temps.

29*. Dès que ledit duc ..... de toutes les armes du Roi[1] (p. 39).

30*. Il le fit encore plus volontiers ..... elles seroient toutes ensemble[2].

31*. Une seule crainte ..... l'investiture de l'Empereur[3].

32. Les affaires du Roi ..... il lui en enverroit (p. 39-40).
Hémery à Richelieu, 20 avril (fol. 277).

33*. Cette place étoit ..... l'opiniâtreté dudit duc[4].

34*. Car premièrement on fit accorder ..... cet accommode-ment.

35*. En second lieu ..... dans ses États.

36*. Mais tout cela ..... il n'y avoit lors personne.

37*. C'étoit un prince ..... l'obligeoient peut-être d'être[5].

38. Le Roi étant averti ..... fort avancées vers la Savoie (p. 40-41).
Instructions au sieur de Graves, 16 avril (Parme 1; Avenel, t. VIII, p. 300).

39. Le duc de Parme ..... il s'y résolut.
Mémoire de d'Hémery, après le 16 avril (Parme 1; Avenel, t. VIII, p. 300, note 3), annoté en vue des *Mémoires*.

40*. Et ensuite d'être ..... comme il est dit ci-dessus[6].

41. Le jour du départ ..... au-devant d'Ast (p. 41).
Créquy à Richelieu, 5 mai (Italie 24, fol. 353); textuellement.

---

1. Même observation.
2. Passages relatifs aux affaires de Parme. Voyez peut-être Parme 1.
3. Passage relatif à Sabionette. Voyez quelques dépêches de d'Hémery.
4. Passage relatif aux affaires de Parme (Parme 1).
5. Portrait du duc de Parme. Bien qu'il ne soit pas emprunté textuel-lement aux dépêches de d'Hémery, il concorde cependant de tous points avec les jugements portés par notre ambassadeur çà et là dans ses lettres.
6. Passage relatif au différend qui surgit, à propos d'une question de préséance, dans le commandement des troupes entre le duc de Créquy et

292   MÉMOIRES DE RICHELIEU.

42. Toutes les troupes ..... trois mille chevaux (p. 41-42).
Hémery à Richelieu, 6 mai (*Ibidem*, fol. 365-367); textuellement.

43. Une grande difficulté ..... n'étant pas toutes venues.
Même lettre; textuellement.

44. Ce qui obligeoit ..... à la bataille.
Même lettre; textuellement.

45*. Mais il apprit des nouvelles ..... les troupes qu'il demandoit[1].

46*. Il falloit attendre ..... de ce qu'on lui proposoit.

47. Il partit néanmoins ..... maître de tout le pays (p. 42-43).
Hémery à Richelieu, 11 juin (*Ibidem*, fol. 478); textuellement.

48*. Le dessein d'Olegio ..... occupé les susdits lieux[2].

49. Le duc de Savoie ..... de sa proposition.
Même lettre.

50. L'ambassadeur du Roi ..... dans le Lodesan (p. 43-44).
Même lettre (fol. 472); textuellement.

51. Mais qu'il trouvoit ..... donner jalousie à Lodi (p. 44-46).
Même lettre (fol. 478).

52. L'armée s'achemina donc ..... à l'autre bord de l'eau.
Créquy à Richelieu, 15 juin (fol. 497); textuellement.

53. Et l'avoit envoyé ..... qui va à Milan.
Mémoire de d'Hémery, 16 juin (fol. 501); textuellement;
passage marqué X-Y.

54*. Ce navile est ..... à l'usage de la vie[3].

---

le maréchal de Toiras. Il en est évidemment question dans les dépêches de d'Hémery qui, dès sa première lettre à Richelieu, du 7 septembre 1635, après son arrivée à Turin, s'empresse de signaler au Cardinal la présence de Toiras à la cour de Savoie et demande quelle conduite tenir à son égard.

1. Passage relatif au duc de Parme; voyez Mémoire du duc de Parme (Parme 1, fol. 170). Textuellement pour le passage « Ledit duc de Parme dit aussi ..... dégarni ».

2. Copie d'une lettre du duc de Rohan à Créquy et à d'Hémery, vers janvier (Italie 24).

3. Ce paragraphe est pour expliquer ce qu'est le *navile*.

55. Quand le sieur de Corvou ..... fort bien exécuté.
Créquy à Richelieu, 15 juin (fol. 497); textuellement.

56*. Le maréchal avec ces bâteaux ..... des gens de guerre.

57. Ledit maréchal ..... dans les portes de Novare.
Mémoire de d'Hémery, 16 juin (fol. 501); textuellement.

58. En même temps le duc de Savoie ..... le chemin et nos vivres.
Même source.

59. Cette place étant prise ..... contre le Milanois (p. 47).
Même source; textuellement.

60. Et tous les tours ..... stratagèmes de guerre.
Mémoire de d'Hémery, 16 juin (fol. 504 v°); textuellement.

61*. On séjourna en ce poste ..... dans le lac Majeur.

62*. Le duc de Savoie dépêcha ..... en présentoient l'occasion[1].

63. Le duc de Parme du commencement ..... qui étoit le plus sûr.
Hémery à Richelieu, 26 juin, 2ᵉ lettre (fol. 591); mémoire de d'Hémery, 1ᵉʳ juillet (fol. 628).

64. Puis quand il se fut rendu ..... pour s'opposer à nous.
Hémery à Richelieu, 2 juillet (fol. 621 v°); mémoire de d'Hémery, 1ᵉʳ juillet (fol. 631 v°).

65. Ce qu'on ne peut attribuer ..... dans l'État de son maître.
Hémery à Richelieu, 17 juin (fol. 539).

66. Cependant notre armée ..... presque tout gravier (p. 47-48).
Relation du duc de Savoie (fol. 838); textuellement; passage marqué P-Q.

67. Que tout ce qu'on y feroit ..... avec beaucoup de cœur (p. 48-50).
Même source (fol. 838); Créquy à Richelieu[2], 25 juin (fol. 572).

1. La source de ce passage devait être l'instruction du sieur de la Cliète, dont, dans sa lettre du 17 juin 1636 (A. É., Italie 24, fol. 539), d'Hémery annonce l'envoi d'une copie à Richelieu.
2. La lettre de Créquy a été utilisée *textuellement* pour les deux pas-

68*. Cette journée nous devoit ..... pas passer plus avant[1].

69. Et manda au duc de Savoie ..... fortifié les passages.
Mémoire de d'Hémery, 1er juillet (fol. 630 v°); textuellement.

70. Le duc de Savoie au contraire ..... nécessaires à son armée (p. 50).
Hémery à Rohan, 28 juin (fol. 606); textuellement.

71. Mais le duc de Rohan ..... pour prendre Lecco.
Mémoire de d'Hémery, 1er juillet (fol. 630 v° et 632); textuellement.

72. Mais quand ils se fussent joints ..... aux affaires du Roi.
Hémery à Richelieu, 2 juillet (fol. 620 v°).

73*. Il s'en retourna ..... avec une grande dépense[2] (p. 50-51).

74*. Au même temps ..... l'armée navale du Roi[3].

75*. Voilà ce qui se passa ..... pas trouver opposition[4] (p. 51-52).

76. Cependant elle manda ..... à craindre de ce côté-là[5].
Richelieu à Mazarin, 7 octobre (Rome 58, fol. 260; Avenel, t. V, p. 599); textuellement[6].

77*. Les offices si pressants ..... leurs prétendus intérêts[7] (p. 52-53).

sages suivants : 1° « Quand l'ambassadeur du Roi ..... avant les ennemis » (marqué Y-Z); 2° « Le tout fut exécuté ..... il y avoit cent ans » (marqué A-B). Pour ce paragraphe n° 67, outre les deux sources indiquées, le rédacteur des *Mémoires* a dû utiliser : 1° une Relation (perdue) de d'Hémery, annoncée dans sa lettre à Chavigny du 27 juin (Italie 24, fol. 587), et, 2°, peut-être aussi une lettre (perdue) de d'Hémery du 26 juin, dont on trouve une analyse au fol. 581.

1. Passage relatif au duc de Rohan, dont on retrouverait peut-être la source dans la correspondance de celui-ci.

2. Passage relatif aux soulèvements des Grisons en Valteline.

3. Retraite du duc de Savoie des bords du Tesin (4 juillet, etc...). Les Espagnols menacent Asti. Voyez les dépêches de juillet 1636 (Italie 24).

4. Passage relatif au duc de Parme.

5. Représentation du Roi à S. S. au sujet du duc de Parme (voyez ci-dessus, 1636, n° 9), et aussi les instructions de Mazarin du 7 octobre 1636 (Avenel, t. V, p. 602) et le mémoire de Richelieu à M. le cardinal de Lyon et M. le maréchal d'Estrées, du 8 octobre 1636 (Rome 58, fol. 265; Avenel, t. V, p. 614).

6. Ibid.

7. Considérations générales sur la politique italienne (Espagne, France,

78*. Le changement de l'inscription ..... en cette affaire[1] (p. 53-54).

79*. On ne put aussi rien avancer..... en percevoir les fruits[2].

80*. L'évêque de Montpellier ..... ambassadeur extraordinaire de S. M.[3]

81. Le 23 dudit mois ..... qu'il avoit à son service.
Hémery à Richelieu, 25 octobre (Italie 24, fol. 773); en partie textuellement[4].

Année 1637.

1. En Italie les armes du Roi ..... souhaitoit plus M. de Savoie (t. IX, p. 162-164).
Mémoire de d'Hémery, janvier 1637 (Italie 25, fol. 340); textuellement.

2*. S. M., ayant bien ..... si ledit avis ne fut arrivé[5] (p. 164-165).

3*. Ensuite, le Roi jugeant ..... s'en pouvoir rendre maîtres.

4*. Du côté du duc de Savoie ..... et non de le recevoir.

5. Le duc de Savoie ..... des armes du Roi.
Hémery à Richelieu, 14 juillet (*Ibidem*, fol. 223).

6*. La maison de Savoie ..... leur alliance avec S. M.

7*. Elle sollicita ..... simplement accessoires[6] (p. 165-166).

8. Il leur représenta ..... le traitât différemment.
Mémoire de la duchesse de Savoie présenté à Richelieu par le P. Monod (*Ibidem*, fol. 334); textuellement.

9*. Qu'il n'étoit pas raisonnable ..... qu'elle lui rendoit.

Pape, Venise). A noter ce passage : « L'union faite ..... avec une république qui ne meurt point..... » qui est emprunté à une dépêche de d'Hémery.

1. Sur le différend entre Rome et Venise (Rome 58).
2. Affaire des bénéfices de Lorraine (Rome 58).
3. Affaire du mariage de Monsieur.
4. Notamment pour ce passage, marqué A-B : « ..... la défiance que S. A. même ..... du président Caude..... »
5. Le duc de Parme fait la paix avec l'Espagne (Parme 1).
6. Envoi du P. Monod en France.

10. Il ne poursuivoit ..... il n'en eût aucun besoin (p. 166-167).

Hémery à Richelieu, 17 juin (*Ibidem*, fol. 145); en partie textuellement[1].

11. Ce qui donna loisir ..... du côté de Gattinara (p. 167).

Hémery à Richelieu, 12 juin (fol. 138); et peut-être aussi Relation en italien des opérations du 7 au 23 juin (fol. 290).

12. Ils avoient en ces trois corps ..... d'attaquer Astie.

Diverses dépêches de d'Hémery à Richelieu, 22 et 25 juin (fol. 159, 170, 172), et du duc de Savoie, 20 juin (fol. 158).

13. Ou le château d'Aillant ..... se rendre à composition (p. 167-168).

Mêmes sources, notamment la dépêche de Victor-Amédée, 20 juin.

14. Le duc de Créquy ..... le reste de ses troupes.

Mêmes sources, et aussi Hémery à Richelieu, 2 et 26 juillet (fol. 194, 275); Créquy à Richelieu, 17 et 18 juillet (fol. 232 et 243); Mémoire de d'Argenson, 17 juillet (fol. 237); Relation de la Frezelière, 17 août (fol. 384).

15. Mais, après qu'ils eurent ..... qui fut découverte.

Hémery à Richelieu, 26 juillet (fol. 275); textuellement.

16. Ils n'osèrent entreprendre ..... pour s'y opposer.

Sources des n°s 12 et 14.

17. Le reste de nos troupes ..... sur les bords de la Sesia.

Relation de la Frezelière, 17 août (fol. 384); textuellement.

18. Le duc de Savoie, voyant ..... les châteaux des Langhes (p. 168-169).

Sources des n°s 12 et 14, et aussi Hémery à Richelieu, 26 et 30 juillet (fol. 269, 275 et 278).

19. On assiégea La Roque ..... s'étoit proposé (p. 169).

Hémery à Richelieu, 11 août (fol. 361).

---

1. En partie *textuellement*, notamment : p. 166, « Néanmoins qu'il étoit vrai ..... et ajouta » ; — p. 167, « Enfin qu'au roi d'Espagne ..... de sa maison » ; — « Toutefois que la satisfaction ..... ses grâces » ; — « Paroissant être allé ..... sortes de personnes » ; — « De dire au P. Caussin ..... nécessaire ».

20. Le marquis de Léganez ..... un combat général.
Même dépêche; textuellement.

21. Mais laissa secourir ..... leurs pillages et bruslemens.
Relation de la Frezelière, 17 août (fol. 384); Hémery à Richelieu, 14 août (fol. 378); Créquy à Richelieu, 14 août (fol. 376).

22*. C'étoit tout le mal ..... étoient en personne.

23. Ledit duc ayant eu avis ..... les troupes des ennemis.
Relation du combat de Montbaldon par le duc de Créquy, 8 septembre 1637 (fol. 412); textuellement.

24. Le marquis de Léganez ..... à Nice de la Paille.
Hémery à Richelieu, 16 septembre (fol. 428); textuellement.

25. Le duc de Savoie envoya ..... devant ce château.
Même dépêche (fol. 429 v°); textuellement.

26. Notre armée se logea ..... le navile à Milan (p. 169-170).
Même dépêche; textuellement à partir de : « De prendre un poste. »

27. Le duc de Savoie, au commencement ..... ruine de ses États.
Hémery à Richelieu, 22 septembre (fol. 430).

28. Néanmoins, enfin il s'y rendit ..... à toutes choses.
Hémery à Richelieu, 5 octobre (fol. 438).

29. Il se mit en campagne ..... de jour à autre.
Créquy à Richelieu, 4 octobre (fol. 436); textuellement.

30. On crut à propos ..... facile qu'il fût (p. 170).
Hémery à Richelieu, 5 octobre (fol. 438 v°).

31. Que pour ce que Madame ..... couvrir le Piémont.
Créquy à Richelieu, 4 octobre (fol. 436).

32. Ledit duc mourut ..... d'en être protecteur.
Hémery à Richelieu, 10 octobre (fol. 458).

33*. Il fut regretté ..... étoit apparente[1] (p. 170-171).

---

1. Portrait du duc de Savoie; répond aux indications fournies par les dépêches de d'Hémery, dont un passage même a été textuellement utilisé (n° 34).

34. Néanmoins, étant d'humeur ..... il avoit pris.
Hémery à Richelieu, 10 octobre (fol. 460 v°).

35*. Il avoit la vraie libéralité ..... pouvoit désirer de lui.

36*. Le Roi étant averti ..... quand elle lui fut échue[1]
(p. 171-172).

37*. Le duc de Savoie en mourant ..... qu'elles verroient le
plus fort.

38*. La même perte ..... par sa vertu[2].

39*. La mort de ces trois ..... avoient été jusqu'alors.

40*. Elle eut plus de peine à Mantoue ..... en devoit
attendre[3].

41*. S. M. apporta ..... hors d'espérance de guérison
(p. 172-173).

42. Et firent incontinent ..... on le tuoit.
Hémery à Richelieu, 10 octobre (fol. 458); textuellement.

43. D'autre part, quatre ..... les chefs de l'armée.
Hémery à Richelieu, 10 octobre (fol. 457 v°).

44*. Madame, comme femme ..... sujets du contraire
(p. 173).

45. Car, dès qu'il sut ..... ces rencontres apportoient.
Hémery à Richelieu, 10 octobre (fol. 458); textuellement.

46*. Car la méfiance ..... à toute l'armée.

47. Quant à notre ambassadeur ..... de se plaindre d'elle
(p. 173-174).
Hémery à Richelieu, 10 octobre (fol. 458); textuellement.

48*. Qu'elle ne devoit donner ..... en cette occasion.

49. S. M. approuva ..... n'étoit pas bonne (p. 174-175).
Richelieu à d'Hémery, 17 octobre (fol. 489, minute); textuellement. Voyez Avenel, t. V, p. 1062, qui renvoie au manuscrit des *Mémoires de Richelieu*, t. X, p. 41-44.

50*. Pour le P. Monod ..... à son humeur.

---

1. Affaires de Mantoue; à voir sans doute les dépêches de la Thuilerie.
2. Mort du landgrave de Hesse.
3. Affaires de Mantoue; voyez la correspondance de la Thuilerie.

51*. L'ambassadeur suivit ..... pour elle et ses enfants (p. 175-176).

52. Le marquis de Léganez.....
Hémery à Richelieu, 19 octobre (fol. 498).

53. Mais la prise ..... la Savoie et la France.
Créquy à Richelieu, 26 octobre (fol. 526); textuellement.

54. Mais il arriva ..... écriroit au Roi.
Hémery à Richelieu, 25 octobre (fol. 521); textuellement.

55. Qui, quand il en fut averti ..... prendroient les affaires.
Richelieu à d'Hémery, 3 novembre (fol. 554); textuellement.
Voyez Avenel, t. V, p. 883 et 884, note 1, où il renvoie au t. VIII, p. 349, du manuscrit des *Mémoires* conservé aux Affaires étrangères.

56. Le P. Monod ..... pour la France.
Richelieu à d'Hémery, 21 octobre (fol. 419); textuellement.
Voyez Avenel, t. V, p. 1062.

57. Le Cardinal manda ..... pour faciliter la paix.
Richelieu à d'Hémery, 21 octobre (fol. 508); textuellement.
Avenel (t. V, p. 1062) renvoie au t. VIII, p. 329, du manuscrit des *Mémoires*.

58*. Mais le duc de Créquy lui manda ..... quoi qu'il nous pût arriver[1].

59*. Le cardinal de Savoie ..... que ne feroit-il point maintenant (p. 176-177).

60*. Notre ambassadeur eut ordre ..... de ses gouverneurs.

61. Nonobstant tout cela ..... ses volontés sur ce sujet (p. 177-179).
Hémery à Richelieu, 25 octobre (fol. 518); en partie textuellement[2].

62. En ce temps-là, le comte .... des méconnoissances de son côté.

---

1. Doit, suivant toute vraisemblance, reproduire une lettre de Créquy à Richelieu postérieure au 21 octobre 1637.
2. Par exemple, le passage : « Il fut obligé ..... comme il estoit », p. 178, marqué O-P.

Hémery à Richelieu, 15 novembre (fol. 583 v° [1] et 584); textuellement.

63. Cependant l'abbé Soldati ..... écrivit la même chose.
Hémery à Richelieu, 1er novembre (fol. 544).

64[*]. Et qu'il savoit combien .... désobligé le Roi.

65. Mais nonobstant toutes ces choses ..... odieux en Piémont.
Hémery à Richelieu, 8 novembre (fol. 576).

66. Mais l'envoi dudit Druent ..... remettre au service du Roi.
Hémery à Richelieu, 3 décembre (fol. 617).

67[*]. Et même ledit cardinal ..... de la lui défendre (p. 179-180).

68[*]. Le prince Thomas ..... cardinal de Richelieu.

69. Il lui envoya ..... accorder sa demande.
Hémery à Richelieu, 14 et 16 décembre (fol. 639 v° et 642 v°).

70. Cependant les poursuites ..... elle n'eut défiance que de nous.
Hémery à Richelieu, 23 décembre (fol. 652 v°).

71[*]. Cela fut cause qu'enfin ..... elle ne pouvoit douter [2] (p. 180-181).

72. Puisqu'elle avoit fait savoir ..... et de sesdits enfants.
Note annotée en vue des *Mémoires* (fol. 557); textuellement.
Avenel, t. V, p. 895.

73. Madame ayant reçu ..... en sa cour.
Hémery à Richelieu, 23 décembre (fol. 652 v°).

74[*]. Néanmoins elle ne put se résoudre ..... nécessaire entre eux.

75. Madame ayant empêché ..... donner toute satisfaction.
Instructions au sieur de Pezieu, 1637 (fol. 704 v°); textuellement, depuis « y ayant apparence ».

---

1. Tout ce passage est textuel.
2. A pour source très probablement une lettre (perdue) du Roi à Madame, mentionnée dans celle de Richelieu à la duchesse du 23 décembre 1637 (Avenel, t. V, p. 907).

76*. Si le Roi eut tant à faire .... un autre sujet[1] (p. 181-182).

77. Elle fit aussi gouverneur ..... au sieur de Vauguérin.
Hémery à Richelieu, 14 décembre (fol. 637); Hémery à de la Tour, 6 décembre (fol. 621).

78. Et pour empêcher ..... les mains des ennemis.
Hémery à Richelieu, 15 novembre[2] (fol. 582 v°).

79*. Le Roi lui fit savoir ..... avec la maison d'Autriche.

Année 1638.

1*. En Italie, les affaires ..... les suivent ordinairement[3] (t. IX, p. 267).

2*. Les Espagnols qui s'en vouloient ..... sur la porte du château[4].

3*. Mais les Espagnols ..... il fut pris dans peu de jours[5] (p. 267-268).

4. Les Espagnols ayant dessein ..... l'État de Gênes.
Hémery à Richelieu, 1er février (Italie 26, fol. 70).

5*. Le Roi en ayant avis ..... incontinent[6].

6*. Mais ce qui apportoit ..... de bienséance et de raison.

7*. Le principal des agens ..... que cela vînt d'elle.

8. Cet homme fut envoyé ..... l'année dernière.
Mémoire de d'Hémery, 15 janvier (*Ibidem*, fol. 26).

9*. Jusqu'où l'ambition, ... d'un esprit religieux[7].

10. Il passa outre ..... de déplaire à la France (p. 268-270).
Mémoire de d'Hémery, 15 janvier (fol. 26); textuellement en partie.

---

1. Affaires de Mantoue.
2. D'Hémery propose dans cette lettre les résolutions qui furent adoptées par Richelieu.
3. Considérations générales sur la régence de Marie-Christine.
4. Siège de Pouzzon, 29 décembre 1637 au 1er janvier 1638.
5. Nouveau siège de la même localité, fin janvier 1638.
6. Source : une lettre du Roi (pas retrouvée).
7. Réflexion du rédacteur.

11*. S. M. prit ..... lui en demeurât.

12. Madame reçut la lettre ..... et son confident.
Hémery à Richelieu, 15 janvier (fol. 15-16); textuellement.

13. Madame qui étoit déjà ..... d'être bonne maîtresse.
Même source (fol. 13); textuellement.

14. Étant encore animée ..... de vouloir suivre.
Même source (fol. 16); textuellement.

15. Le lendemain, Philippe ..... en cette affaire (p. 270-271).
Même source (fol. 17); textuellement.

16. C'étoit un bonhomme ..... avoit été son favori (p. 271).
Même source (fol. 14); textuellement.

17. Il fut contraire ..... l'intérêt de la France.
Même source (fol. 17 v°); textuellement.

18. Et conscilla à Madame ..... ne pouvoit être accommodée.
Même source (fol. 17 v° et 18).

19. Elle lui renvoya ..... contre cet homme.
Même source (fol. 19 v° et 20); textuellement.

20. Qu'après cela, il ne voyoit point ..... évanouir cette affaire.
Même source (fol. 21 v°).

21. Ce qui y faisoit ..... se retirassent du Piémont (p. 271-272).
Même source (fol. 24).

22. Mais elle pensoit ..... assurée du contraire.
Hémery à Richelieu, 23 janvier (fol. 41); textuellement.

23. Et continuoient toujours ..... dont nous avons parlé.
Même source que 22 (fol. 40).

24. Notre ambassadeur dit ..... qu'elle y prenoit.
Hémery à Richelieu, 26 janvier (fol. 47); textuellement.

25. Mais il n'y gagna rien ..... la France et l'Espagne.
Même source (fol. 48).

26. Ne considérant pas ..... pour poursuivre son éloignement.
Hémery à Richelieu, 23 janvier (fol. 40).

27. Le comte de Cumiane ..... elle avoit témoigné le désirer (p. 272-273).

Mémoire pour le Roi, 6 février (fol. 55); textuellement.

28*. Et choisir le parti ..... et de S. M.

29. Ne se contentant pas ..... connoître la nécessité (p. 273).
Mémoire au baron de Palluau, 14 février (fol. 66).

30*. Enfin Madame se rendit ..... ni celui de Madame.

31. Avant de partir ..... il craignoit cette entrevue.
Hémery à Richelieu, 5 mars (fol. 99 et 102 v°); textuellement.

32. Et confirma Madame ..... le commandeur Assiati.
Hémery à Richelieu, 24 février (fol. 80); textuellement.

33. Il proposa le P. Rovida ..... de cette neutralité.
Hémery à Richelieu, 24 février, 3⁰ lettre (fol. 84 et 86 v°); textuellement.

34. Où le P. Monod ..... en ce conseil (p. 274).
Hémery à Richelieu, 15 mars (fol. 205); textuellement.

35. Et Madame même ..... il falloit diminuer.
Hémery à Richelieu, 24 février (fol. 84); textuellement.

36. L'ambassadeur demanda ..... à propos de son bien (p. 274-275).
Hémery à Richelieu, 5 mars (fol. 99); textuellement.

37*. Madame n'ayant pas ..... éloignés de son compte.

38. Le Cardinal écrivant ..... ne procéder pas d'un tel principe.
Richelieu à Madame, 24 mars (fol. 109); textuellement.

39*. Ensuite le parachèvement ..... disgrâces qui survinrent.

40. Les Espagnols ne nous voyant ..... de canon pour la battre (p. 275-276).
Hémery à Richelieu, 15 mars[1] (fol. 202 et 204); textuellement en partie.

---

1. Cette dépêche a été classée à tort parmi celles du mois de mai. Le 12 mai, donné par les *Mémoires* comme date du siège de Breme, est par suite à corriger en 12 mars.

41*. Le maréchal de Créquy ..... qu'elle le devoit être[1].

42*. Le Cardinal qui reconnoissoit ..... commandement d'y aller[2].

43*. Et parce que le Roi ..... le cardinal de la Valette eût lieu[3].

44*. Le Roi lui donna ..... du château de Casal[4].

45. Le sieur d'Hémery .... où elles étoient.
Hémery à Richelieu, 10 avril (fol. 123).

46*. Or, comme le marquis ..... il appréhendoit les desseins[5].

47. A quelque temps de là ..... extraordinairement secret (p. 277-278).
Mémoire à d'Hémery, 20 avril (fol. 136); textuellement.

48. En même temps que le Roi ..... parlât de la même sorte.
Hémery à Richelieu, 25 avril (fol. 151); textuellement.

49. Peu de jours après ..... plus intéressés que nous.
Hémery à Richelieu, 29 avril (fol. 153); textuellement.

50. Cependant ledit Monteil ..... en la maison d'Espagne (p. 278-280).
Hémery à Richelieu, 6 mai (fol. 180).

51*. Le Roi donna avis ..... la procédure qu'elle y tint[6] (p. 280-283).

52. Le Roi ne voulut pas ..... valablement donnée (p. 283).
Hémery à Richelieu, 14 août (fol. 446); Mémoire du Roi à la Valette et à d'Hémery, 13 septembre (fol. 484).

---

1. Mort de Créquy.
2. Envoi du cardinal de la Valette en Italie.
3. Difficultés à Rome au sujet du commandement militaire exercé par le cardinal de la Valette.
4. Envoi du comte de Guiche en Italie; capitulation et exécution de Montgaillard.
5. Desseins de la princesse de Mantoue sur Casal, où elle envoie Roland de Laval, « le P. Monod de Mantoue ».
6. Voyez les lettres de Richelieu à M. de la Thuilerie, du 16 juillet, 12 août, 13 et 24 septembre (Mantoue 5).

53*. Les ministres du Roi ..... au service du duc de Mantoue[1].

54. Mais voyant que le sieur ..... suivant l'ordre susdit (p. 283-284).

Mémoire à M. de la Thuilerie, 13 novembre (Mantoue 5, pièce 213). Avenel, t. VII, p. 1039.

55*. Mais tandis que ces affaires ..... la ligue avec le Roi.

56. Ayant encore un des siens ..... ne seroit point attaquée.
Hémery à Richelieu, 9 juin (Italie 26, fol. 304); textuellement.

57*. Ledit marquis assemble ..... dans ce manifeste[2] (p. 284-285).

58*. En même temps qu'il publie ..... tint par sa parole[3].

59. Dès qu'ils eurent investi ..... le salut de cette ville.
Relation du siège de Verceil (fol. 323).

60. Et que nous avions autant et plus ..... battus et repoussés (p. 285-287).
Même document; textuellement.

61. Mais le dernier assaut ..... de ce qui se passoit.
Même document.

62. Lorsqu'ils commencèrent ..... desseins des ennemis.
Même document; textuellement.

63*. En quoi il paroît ..... répondroit de la place (p. 282-283).

64. Depuis le secours entré ..... qui les produisit.
Hémery à Richelieu, 9 juillet (fol. 350 v°); textuellement.

65*. Les officiers mêmes ..... n'en parlèrent plus.

66*. Cette perte, à qui jugeoit ..... à ses beaux-frères qu'à elle.

67. Elle traite cependant ..... et exposer ses biens.
Hémery à Richelieu, 10 juillet (fol. 354); textuellement.

---

1. Conclusion de l'affaire Monteil.
2. Manifeste du marquis de Léganez; critique de ce manifeste.
3. Commencement des hostilités. Voyez toutes les dépêches de d'Hémery de cette époque.

68. Et sur ce que notre ambassadeur ..... de sa négociation (p. 288-289).

Hémery à Richelieu, 31 août (fol. 468); textuellement.

69. Le Cardinal en ayant avis ..... qu'elle s'en départît.

Richelieu à d'Hémery, 11 août (fol. 424); textuellement.

70. Tant pour l'intérêt ..... n'étoit pas à propos.

Hémery à Richelieu, 10 juillet[1] (fol. 356), et peut-être aussi la lettre précédente (fol. 424).

71*. Le secours de Casal ..... ne le pouvoit consentir.

72. Que si Madame pouvoit ..... qu'il nous seroit possible.

Richelieu à d'Hémery, 11 août (fol. 424); textuellement.

73*. Essayant de réparer ..... pouvions empêcher.

74*. Cependant le P. Monod ..... informé contre lui[2].

75*. Cependant les Espagnols ..... incontinent après démoli[3].

76*. Peu de jours après ..... da Monta son ambassadeur.

77. Et lui dit que si elle ..... quelque siège d'importance (p. 289-290).

Brouillon d'une lettre de Richelieu, 16 octobre (fol. 551, et Avenel, t. VIII, p. 346); textuellement; et Richelieu à la duchesse de Savoie, 15 octobre (Avenel, t. VIII, p. 345).

78. Ces avis servirent ..... l'en éloigna aussi[4].

79. Cependant S. M. considérant ..... lieux du royaume (p. 290-291).

Le Roi au maréchal d'Estrées, 29 octobre (Rome 64, fol. 102, et Avenel, t. VI, p. 223); textuellement.

80*. Toutes ces choses ..... qui lui étoit proposé.

81. Et partit de Rome ..... au maréchal d'Estrées.

Hémery à Richelieu, 11 novembre (Italie 26, fol. 614).

---

1. Ce passage qui, dans les *Mémoires,* est attribué à Richelieu parmi les choses que manda le Cardinal à son ambassadeur, vient en réalité d'une dépêche de d'Hémery qui relate une conversation assez vive qu'il eut avec le comte Philippe d'Aglié au sujet du commandeur Pazero.

2. Mission de Bautru (22 août).

3. Prise du château de Ponsart dans le Montferrat.

4. Mme de Savoie se résout à interdire l'entrée du Piémont au cardinal de Savoie et repousse toutes propositions de mariage.

82. Et s'étant joint ..... pour les y recevoir.

Le cardinal de la Valette à Richelieu, 10 novembre (*Ibidem*, fol. 612).

83*. Le cardinal de la Valette ..... la ville de Turin.

84. Elle mit en la citadelle ..... dans la ville.

Hémery à Richelieu, 11 novembre (fol. 614).

85. Et incontinent après ..... avec une grande appréhension.

La Valette à Richelieu, 19 novembre (fol. 652); textuellement.

86*. L'entreprise sur Carmagnole ..... comme nous avons dit.

87. Le dessein fut tramé ..... fit punir exemplairement.

Madame à Richelieu, 25 novembre (fol. 667).

88. Le dessein étoit ..... les ministres du Roi.

La Valette à Richelieu, 28 novembre (fol. 675).

89*. Quand cette nouvelle ..... cardinal de Savoie.

90. Le cardinal manda alors ..... justes et raisonnables (p. 291-292).

Richelieu à la duchesse de Savoie, 1er décembre (fol. 684, et Avenel, t. VI, p. 252); textuellement.

91*. Toutes ces peines ..... nous ôter l'entendement.

XIII.

LÉON LECESTRE

———

LES INVENTAIRES DES PAPIERS DE RICHELIEU.

————

Dans les deux travaux qui précèdent, M. Fr.-L. Bruel et M. Gabriel de Mun ont signalé et étudié sommairement, en premier lieu, une série d'inventaires de divers cahiers ou liasses des papiers de Richelieu et, en second lieu, plusieurs « journaux » des événements de chaque année destinés à servir de guides chronologiques pour les rédacteurs des *Mémoires*. Il me semble qu'il y a lieu de revenir sur ces deux catégories de documents et d'en pousser l'examen à fond. Ce travail ne sera point inutile pour les éditeurs des *Mémoires*, et il permettra d'élucider divers points encore imparfaitement éclaircis. La présente étude n'a pas d'autre objet que de tirer, pour le plus grand profit de l'œuvre entreprise par la Société de l'Histoire de France, tout le parti possible des découvertes de MM. Bruel et de Mun, auxquels j'entends laisser tout le mérite de leurs trouvailles. Je veux simplement compléter leurs recherches en pénétrant plus avant dans la voie qu'ils ont ouverte, mais aussi modifier certaines de leurs propositions qu'un examen attentif des documents ne m'a pas permis d'admettre intégralement. J'ajoute que M. Robert Lavollée, qui connaissait depuis longtemps ces pièces, mais qui n'en avait point fait d'étude spéciale, a bien voulu m'aider, non seulement par sa com-

pétence toute particulière pour ce qui regarde les
Mémoires, mais aussi par ses recherches personnelles; une
bonne part du résultat obtenu est dû à son amicale col-
laboration.

Je n'examinerai ici que la première des deux catégories
de documents indiquées ci-dessus; la seconde, qui a trait
directement au problème de la composition des *Mémoires*,
pourra faire l'objet d'une étude subséquente, si l'utilité
s'en fait sentir.

On a vu ci-dessus[1] que MM. Bruel et de Mun avaient
constaté dans divers volumes du fonds France, aux Affaires
étrangères, l'existence d'inventaires analytiques de documents ayant certainement appartenu au cabinet de Richelieu, et M. de Mun a montré que plusieurs d'entre eux se
rapportaient sans contredit à des documents utilisés pour
la composition des *Mémoires*. De cette constatation, il
semblait résulter avec évidence que l'on se trouvait en
présence d'inventaires de pièces spécialement mises à part
par le Cardinal pour la rédaction de son œuvre, d'autant plus qu'un rapide examen avait permis de relever
leur existence pour toute une suite d'années du ministère
de Richelieu. J'avais moi-même adopté cette opinion, —
sous réserve d'une étude plus approfondie, — lorsque j'ai
rendu compte au Conseil de la Société, le 2 juillet dernier,
du sujet des travaux de MM. Bruel et de Mun. Mais aujour-
d'hui il n'est plus possible de l'admettre : un exposé des
conclusions auxquelles je suis successivement arrivé mon-
trera le caractère et la nature de ces documents.

Outre les inventaires signalés par M. de Mun dans divers
volumes du fonds France, le dépouillement méthodique de
tous les volumes de ce même fonds correspondant aux
dates comprises entre 1610 et 1642, m'en a d'abord fait

1. Pages 255, note 3, et 280-283.

retrouver d'autres, complets ou par fragments, dans les volumes portant les numéros 246, 775, 778, 780, 781, 785 et 786. Le tout compose un ensemble allant sans interruption de 1622 à 1642, année même de la mort du Cardinal. Ces inventaires forment pour chaque année un cahier spécial contenant les analyses d'un nombre variable de liasses ou de « paquets[1] », et l'inventaire relatif à chaque liasse porte un numéro d'ordre et un titre approprié au sujet des pièces qu'elle contient : on trouvera ci-après, en appendice, le relevé complet des titres de tous ces inventaires. Dans chaque liasse, les pièces sont classées suivant un ordre chronologique assez rigoureux; dans certaines, les pièces sont numérotées; dans d'autres, elles sont paginées, et ces indications sont portées sur les inventaires. Pour les premières années, le nombre des liasses, et par conséquent celui des inventaires, est peu considérable; mais il augmente rapidement : s'il n'y en a que huit pour 1622 et cinq pour 1623, on en trouve trente-trois pour 1626 et cinquante-deux pour 1630, pour atteindre soixante-six liasses en 1636 et retomber entre trente-cinq et cinquante pour les années suivantes.

Ces inventaires sont analytiques, c'est-à-dire que, presque toujours, ils ne se contentent pas de relever la date de la pièce inventoriée et le nom de son signataire; mais ils en indiquent le sujet. Ces analyses sont parfois très développées; pour certains documents, ce sont de véritables résumés, analogues à ceux que les commis exécutaient dans les bureaux des secrétaires d'État pour éviter au ministre l'obligation de lire entièrement les pièces qui lui passaient sous les yeux. Elles ont certainement pour auteur un homme du métier, et aussi un homme qui connaissait bien l'époque des documents qu'il analysait.

---

1. C'est ainsi que les désigne parfois le rédacteur des inventaires : voyez ci-après, à l'Appendice, année 1630, n° 38, et année 1636, n° 19.

Si l'on y rencontre quelques noms propres estropiés, et parfois des fautes grossières, ce n'est point le fait du rédacteur, mais bien du copiste : car ces inventaires, tels qu'ils nous sont parvenus, ne sont pas des originaux, mais des copies, écrites au commencement du XVIII° siècle, et la main de l'écrivain est bien connue de tous ceux qui ont compulsé les volumes du Dépôt des Affaires étrangères pour l'époque du ministère de Torcy, de 1700 à 1715; c'est la main d'un commis de ses bureaux. Les fautes signalées ci-dessus lui appartiennent donc en propre; il a mal lu ce qu'il copiait, sans doute à cause de la mauvaise écriture de la minute, et ses connaissances historiques rudimentaires ne lui ont pas permis de suppléer à ce que son œil voyait mal. D'ailleurs, pour les premières années au moins, sa copie a été revisée, et ses fautes corrigées par une autre personne. Il y eut même deux copies; car on trouve des fragments d'une seconde, qui n'a peut-être jamais été exécutée en totalité. Je signalerai dans l'Appendice ce qui en existe encore aujourd'hui.

Ici une question se pose : la minute de ces inventaires est-elle peu antérieure à la copie? Par conséquent, a-t-elle été rédigée dans les premières années du XVIII° siècle, ou bien est-ce une rédaction contemporaine de Richelieu et exécutée par son ordre et sous ses yeux? Cette dernière hypothèse, très séduisante au premier abord, a dû être bien vite abandonnée. En effet le rédacteur des analyses leur donne un tour et une forme qui ne semblent pas pouvoir être du fait d'un contemporain de Richelieu. S'il dit souvent : « M. le Cardinal », il n'est pas rare de trouver des expressions comme celles-ci : « Minute du Cardinal », — « Ceci est écrit de la main d'un secrétaire du Cardinal », — « la nièce du Cardinal », en parlant de M°° de Combalet[1]. Il l'appelle même « Richelieu » tout court, ou

1. Ci-après, années 1624, n°° 12 et 15; 1625, n°° 5 et 9; 1626, n°° 4, 16, 18; 1628, n° 11, etc.

encore « Luçon[1] » ; il dit « Marillac, Bérulle, Schönberg »,
etc. A ses analyses il ajoute des appréciations sur les pièces
elles-mêmes : « C'est un fade panégyrique du cardinal de
Richelieu » ; — « cette lettre est belle et touchante » ; —
« c'est un compliment qui tient un peu du galimathias » ;
— « cet archevêque écrit très bien » ; — « ce journal est
fort sec[2] », etc. ; — des remarques personnelles : « C'est
une espèce d'agenda qu'on ne peut copier » ; — « il y a
bien de l'apparence que le Cardinal faisoit voir ces papiers
au Roi pour l'aigrir contre Monsieur » ; — « je crois que
celui qui est marqué par Saint-Hooré est le Cardinal » ; —
« la première pièce est la plus curieuse et fait voir que le
Cardinal se servoit de toutes sortes de moyens et de toutes
sortes de gens pour arriver à ses fins »[3] ; — des notices
historiques et explicatives[4], toutes choses en un mot qui
n'auraient pu se trouver sous la plume d'un homme travail-
lant pour le Cardinal, devant lui pour ainsi dire, et tout au
moins sous la surveillance du « secrétaire des *Mémoires* ».
Ces inventaires n'ont donc pu être exécutés que peu de
temps avant l'époque de la copie.

La date approximative de la rédaction étant ainsi fixée
aux premières années du xviii⁰ siècle, il reste à déterminer
la raison de cette rédaction, à en découvrir l'auteur, enfin
à établir exactement à quels documents ils s'appliquent :
soit à un choix de pièces destinées à être utilisées dans la
composition des *Mémoires*, soit à l'ensemble des papiers
du cabinet de Richelieu.

Sur le premier point, MM. Bruel et de Mun ont déjà

1. Année 1622, n° 1.
2. Ci-après, années 1620, n° 7 ; 1624, n° 1 ; 1626, n° 2 ; 1627, n°⁵ 13 et
16 ; 1628, n° 11 ; 1629, n° 24 ; 1630, n° 4, etc.
3. Ci-après, 1624, n°⁵ 1 et 13 ; 1626, n°⁵ 3, 16, 18 et 19 ; 1627, n°⁵ 2
et 4 ; 1628, n° 11 ; 1630, n° 1 ; 1631, n°⁵ 9 et 24 ; 1638, n° 27, et bien
d'autres.
4. Ci-après, année 1626, n° 4, explications sur le procès des Vendôme ;
n° 5, notice sur le P. Hervé ; n° 32, remarques sur le commerce de

21

proposé une solution très vraisemblable, et même la seule possible ; mais, comme ni l'un ni l'autre ne l'ont appuyée d'arguments probants, je tâcherai d'être plus heureux. En réalité, les trois points à élucider se résoudront ensemble.

Puisque ces inventaires sont des copies, et qu'il y a eu une rédaction primitive, il était à espérer que, en supposant que la minute eût été détruite après l'exécution de la copie, quelques fragments avaient pu échapper et qu'il y avait quelque chance de les retrouver en dépouillant tous les volumes du fonds France se rapportant aux années 1622 à 1642. En outre, cette minute ferait connaître l'écriture du rédacteur des inventaires, qui appartenait certainement aux bureaux des Affaires étrangères, et c'était là un élément important pour arriver à retrouver son identité. Cette espérance n'a pas été déçue. Des fragments de la minute primitive ont été retrouvés, non seulement dans le fonds France[1], mais aussi dans des volumes appartenant à d'autres fonds[2].

L'écriture de cette première rédaction est assez mauvaise, et l'on conçoit qu'un copiste peu au courant des faits et des événements ait eu quelque peine à la déchiffrer. À première vue, elle paraît antérieure au commencement du xviiie siècle, et pourrait être celle d'un contemporain du Cardinal. Il semble donc que son auteur, puisqu'il appartenait à l'entourage de Torcy, devait être un homme d'âge déjà mûr. Je m'apprêtais à rechercher auquel des commis du ministre pouvait appartenir l'écriture en question, et

---

Venise ; 1628, n° 2 : « Ces pièces sont imprimées à la suite des *Mémoires de Rohan* », dont la première édition est de 1644 ; n° 10, notice sur l'abbé Langlois ; etc.

1. Vol. 775, fol. 237, 258-260, 287-288 ; vol. 782, fol. 180-181 ; vol. 785, fol. 40-42 ; vol. 786, fol. 21-23, 124-125 et 245-246 ; vol. 790, fol. 42, 58, 145 et 185 ; vol. 791, 796, etc.

2. Notamment Italie 13, p. 371, et Hollande 14, fol. 646.

aussi à voir si Armand Baschet, si bien renseigné sur la
constitution du Dépôt des Affaires étrangères, n'avait point
parlé de ces inventaires à propos des papiers de Richelieu, lorsque M. Robert Lavollée me fit connaître que,
sur les indications fournies par Baschet[1], il avait retrouvé
d'autres minutes des inventaires, et probablement le nom
de leur auteur. Baschet indique en effet que, dans le manuscrit Clairambault 521 à la Bibliothèque nationale, il existe
des fragments d'un inventaire des papiers de Richelieu, et
que cet inventaire était l'œuvre de l'abbé Le Grand, qui
avait été chargé de ce travail par Torcy lorsque le cabinet
du Cardinal entra au Dépôt des Affaires étrangères après
la mort de la seconde duchesse d'Aiguillon en 1705. L'abbé
Joachim Le Grand[2], né à Saint-Lô le 6 février 1653, est
bien connu parmi les érudits de la fin du xviiᵉ siècle. Entré
à l'Oratoire en 1671, en même temps que le P. de la Tour,
qui devait devenir général de l'ordre et dont il avait été
le condisciple à Caen, il quitta la congrégation cinq ans
plus tard et travailla alors avec le P. Le Cointre aux
Annales ecclésiastiques de la France. En 1681, il fut
chargé de l'éducation du fils du marquis de Vins, puis de
celle du jeune duc d'Estrées. Lorsque l'abbé d'Estrées,
cousin de son élève, fut envoyé en Portugal en 1692
comme ambassadeur, il emmena l'abbé Le Grand, et
l'attacha encore à sa personne lorsque, en 1702, il accom-
pagna en Espagne son oncle le cardinal d'Estrées. A son
retour de Madrid en 1704, l'abbé Le Grand reçut des ducs
et pairs de France, le 5 décembre, la charge de veiller à
leurs affaires communes et de s'occuper de tout ce qui
pouvait intéresser leur dignité; à cette fonction était
attachée une rétribution annuelle de trois mille livres

1. *Histoire du dépôt des archives des Affaires étrangères*, p. 102-105.
2. Un *Éloge historique* de lui, imprimé après sa mort, se trouve dans
le manuscrit Clairambault 1024, fol. 142-152.

payable par avance [1]. Le 18 octobre précédent, la seconde
duchesse d'Aiguillon, Marie-Thérèse de Vignerot, petite-
nièce du cardinal de Richelieu, était morte dans le cou-
vent des Filles du Saint-Sacrement de la rue Cassette.
« C'était une des plus extraordinaires personnes du monde,
avec beaucoup d'esprit », dit Saint-Simon [2]. Parmi les
biens qui lui venaient de son grand-oncle le Cardinal, se
trouvaient « plusieurs coffres de papiers [3] ». M. de Torcy,
considérant que ces papiers concernaient le service du
Roi, obtint le 2 mai 1705 un ordre de Louis XIV pour les
retirer de la succession, et le premier commis Adam [4] fut
chargé d'aller en prendre possession [5].

Lorsque les papiers de Richelieu lui furent remis,
Torcy, qui songeait alors à organiser les archives de son
ministère et s'occupait de réunir les papiers de ses prédé-
cesseurs, venait d'attacher l'abbé Le Grand à ses bureaux,
aux appointements de trois mille livres, payables tous les
deux mois par fractions de cinq cents livres [6]. Il le chargea
de faire l'inventaire des « coffres » du Cardinal, et nous

1. Une copie du brevet délivré à l'abbé à cette occasion est dans les
Papiers de Saint-Simon, vol. France 206, aux Affaires étrangères,
fol. 77.

2. *Mémoires*, éd. Boislisle, t. XII, p. 340.

3. La mention de ces coffres se trouve parfois portée au dos de certaines pièces ; on peut en citer des exemples, entre autres, dans France 797,
fol. 93 et 105, France 806, fol. 144, et France 813, fol. 80.

4. Clair Adam, qui devint, en 1711, trésorier général des ambassadeurs.

5. Baschet, p. 144. Voici le texte de l'ordre du Roi, tel qu'il se trouve
en copie dans le volume France 1138, folio 59 v° : « A Versailles, le
2 mars 1705. Sa Majesté étant informée qu'il s'est trouvé dans la succession de la dame duchesse d'Aiguillon plusieurs coffres de papiers provenant de la succession du feu cardinal de Richelieu et qui concernent
le service de Sa Majesté, elle a commis et commet le sieur Adam, l'un
de ses conseillers secrétaires maison couronne de France et de ses
finances, et premier commis du sieur marquis de Torcy, ministre et
secrétaire d'État, pour retirer lesdits papiers et en donner les décharges
nécessaires, qui seront réputées bonnes et valables en rapportant copie
du présent ordre avec le récépissé du sieur Adam au bas d'icelles. »

6. France 308, fol. 34 v° ; 309, fol. 60 v°, 62 v°, 64 v°, 65 v°, 67 et 69,
et 310, fol. 292.

verrons plus loin que cet inventaire porta sur l'ensemble des papiers qu'ils contenaient, et non point seulement sur une partie d'entre eux, qui aurait été mise à part pour un objet déterminé. Ce travail occupa l'abbé Le Grand plusieurs années; mais il était achevé, et la dislocation des liasses de Richelieu opérée, avant 1715, époque à laquelle Torcy quitta le ministère, puisque nous avons des volumes contenant un certain nombre de papiers du Cardinal dont la reliure porte les armes des Colbert[1], ce qui n'aurait pu être si Torcy n'avait plus été en fonctions. L'abbé ne resta pas aux Affaires étrangères après le départ de son protecteur : en 1717, nous le trouvons employé à la publication du Recueil des Historiens de la France et exerçant les fonctions de censeur royal, emploi qu'il quitta dès 1720 pour s'occuper de l'inventaire du Trésor des chartes. C'est alors qu'il écrivit son *Histoire de Louis XI*, restée manuscrite, et qu'il publia une *Histoire d'Abyssinie* parue en 1728. Il avait fait paraître auparavant des dissertations sur le divorce de Henri VIII d'Angleterre, sur la succession d'Espagne, sur celle de la couronne de France et plusieurs autres traités de géographie et d'histoire. En 1729, il se retira à Savigny-sur-Orge, chez son ancien élève le marquis de Vins, d'où il venait parfois faire un séjour à Paris auprès de ses amis Clairambault. C'est dans un de ces voyages qu'il fut terrassé par une attaque d'apoplexie, le 1er mai 1733; on l'enterra au cimetière Saint-Joseph. Par un testament olographe du 20 mars 1732[2], il laissait tous ses papiers aux Clairambault, et c'est la raison pour laquelle des portions de l'inventaire des « coffres » de Richelieu se trouvent maintenant dans le fonds Clairambault, à la Bibliothèque nationale.

L'abbé Le Grand avait donc de cinquante-cinq à

1. Notamment le volume Italie 28, année 1639.
2. Ms. Clairambault 1024, fol. 123.

soixante ans lorsqu'il travaillait aux inventaires qui nous occupent. Cela explique le caractère un peu archaïque de l'écriture des minutes[1]. Ce qui reste de son travail personnel est peu considérable. Ce ne sont que des fragments de la minute des inventaires ; mais, comme ces fragments portent sur la plupart des années du ministère de Richelieu, on peut en inférer avec certitude que le travail a été entièrement fait par lui[2], du moins un premier travail ; car, si l'on doit juger de l'ensemble par ce qui reste, ses analyses sont plutôt sommaires, et parfois plus abrégées que celles de la copie ; elles consistent souvent dans la simple indication de la date et du signataire des pièces[3]. Il faut donc penser que certaines des analyses plus détaillées qu'on trouve dans la copie sont l'œuvre d'un autre personnage, peut-être simplement de l'auteur de cette copie.

Ce n'est pas d'ailleurs tout ce que renferme d'intéressant pour nous ce manuscrit Clairambault 221 signalé par Baschet. A côté des minutes de l'abbé Le Grand, il y a aussi[4] des parties d'une des deux copies dont nous avons parlé plus haut[5], et cette copie ne commence plus à 1622 comme aux Affaires étrangères, mais bien à 1611. Nous voici donc en possession d'une série d'inventaires de papiers de Richelieu, s'étendant de 1611, époque à laquelle le

1. Ci-dessus, p. 314.
2. Voici les parties d'inventaires de la main de l'abbé Le Grand qui se trouvent dans le manuscrit Clairambault 521, p. 211-222 : années 1617, nᵒˢ 14-17 ; 1624, nᵒˢ 10, 13 et 15 ; 1626, n° 30 ; 1627, nᵒˢ 10, 11 et 15 ; 1629, nᵒˢ 32-33 ; 1630, nᵒˢ 40, 41, 45, 47-50 ; 1631, nᵒˢ 24, 36-38, 40, 47, 49-52 ; 1632, nᵒˢ 24, 25, 40, 41 ; 1633, nᵒˢ 22 et 23 ; 1634, n° 27 ; 1635, nᵒˢ 6, 8, 44 et 51. Nous avons dit ci-dessus, p. 314, notes 1 et 2, que d'autres fragments de minutes de sa main se trouvaient dans divers volumes des Affaires étrangères.
3. Disons qu'il ne peut y avoir de doute sur l'attribution de ces minutes à l'abbé Le Grand, comme l'établit avec évidence la comparaison de leur écriture avec celle des nombreuses lettres de l'abbé conservées dans le manuscrit Clairambault 452.
4. Pages 115-190.
5. Ci-dessus, p. 312.

futur cardinal, évêque de Luçon depuis cinq ans, s'efforçait d'entrer dans la politique, jusqu'à 1642, année de sa mort.

Ces inventaires s'appliquent-ils à l'ensemble des papiers de Richelieu, ou seulement à une partie d'entre eux, à ceux que le cardinal aurait fait trier et mettre à part pour la composition de ses *Mémoires?* Cette dernière hypothèse était très séduisante pour ceux qui ont assumé la lourde tâche d'exécuter la nouvelle édition de l'œuvre du Cardinal. Est-ce pour cela qu'ils l'ont si vite adoptée? Quelle perspective agréable en effet, quelle commodité pour l'annotation, quelle sûreté pour la recherche des sources que d'avoir sous la main le relevé de tous les documents que le Cardinal avait eu l'intention d'utiliser! Mais il leur faut renoncer à cette décevante illusion. Outre qu'il semble absolument logique que Torcy ait chargé l'abbé Le Grand de faire l'inventaire général des papiers de Richelieu, et non point d'une partie d'entre eux, l'examen des documents eux-mêmes conduirait à cette conclusion. Peut-on admettre en effet que le Cardinal ait fait réserver pour ses *Mémoires* des documents qualifiés « Lettres assez inutiles », ou « Ce ne sont que compliments », comme les numéros 46 de 1635 et 50 de 1636, ou les lettres de félicitations reçues à l'occasion de la naissance du Dauphin (n°s 22 de 1638)? Comment expliquer encore qu'il ait fait mettre à part les documents de l'année 1642 avant qu'elle fût terminée, puisqu'il mourut en décembre, et alors qu'on n'en était, au plus, qu'à la préparation du récit de l'année 1639? Enfin, sur le feuillet de couverture des journaux chronologiques dont ont parlé MM. Bruel et de Mun[1], il n'y a d'indiqué qu'un certain nombre de liasses[2]

1. Ci-dessus, p. 255 et 284-285.
2. On a vu que les « ouvriers » des *Mémoires* appellent ces liasses « cahiers » ou « journaux ».

320 MÉMOIRES DE RICHELIEU.

à voir pour la rédaction de l'histoire d'une année déterminée, par exemple quinze pour 1636, quand l'inventaire de cette année comporte soixante-six numéros de liasses différentes.

Il est donc bien évident que nous nous trouvons en présence d'un inventaire général des papiers de Richelieu, tels qu'ils étaient lors de leur entrée au Dépôt des Affaires étrangères, et très probablement dans l'état où ils se trouvaient lorsque Richelieu mourut, ou du moins dans lequel ils furent mis peu après la mort du Cardinal, lorsque sa nièce, la première duchesse d'Aiguillon, prit possession de son héritage. De Mme de Combalet, les « coffres » du Cardinal passèrent à sa nièce, la seconde duchesse d'Aiguillon, à la mort de laquelle ils arrivèrent au Dépôt des Affaires étrangères, comme on l'a vu ci-dessus. Torcy avait déjà arrêté alors le classement géographique, qui est depuis resté en usage pour les archives diplomatiques. Or, les papiers du Cardinal se rapportaient à tous les objets de l'administration générale du royaume et de ses relations extérieures. Il sembla rationnel au ministre d'en faire exécuter le triage, gardant pour le fonds France tous ceux qui avaient trait aux événements intérieurs et répartissant dans les fonds des divers pays étrangers les correspondances diplomatiques. De plus, il y avait lieu, pour le classement chronologique qui était adopté, de fondre ensemble les papiers de Richelieu, ceux que les bureaux des Affaires étrangères conservaient déjà, et ceux, récemment recouvrés, des Bouthillier de Chavigny, afin de réunir ce qui se rapportait aux mêmes années et aux mêmes affaires. Mais il fallait pour cela rompre les liasses et le classement des papiers du Cardinal; et c'est avant de faire procéder à cette destruction d'un ordre antérieur et à la fusion de tous les documents dans un ordre nouveau, qu'il chargea l'abbé Le Grand de faire le relevé et l'analyse de tout ce qui provenait de son illustre prédécesseur, afin de conserver une trace de la composition de son cabinet. Comme ces papiers étaient classés par années, et, dans chaque année, en diverses liasses se rapportant à une affaire déterminée, à un pays, à un personnage[1], on fit, pour chaque année, autant d'inventaires qu'il y avait de liasses distinctes, et on les numérota pour leur conserver un ordre qui n'est pas toujours logique ni régulier, mais généralement quelconque. Ce travail, exécuté en minute par l'abbé Le Grand, puis mis au net par deux des copistes attitrés du département des Affaires étrangères, a donné naissance à cette masse d'inventaires, qui, répartie dans vingt volumes du fonds France et dans un des manuscrits Clairambault, ne compte pas moins de deux mille cinq cents folios.

Quelle peut être l'utilité de ces inventaires pour les éditeurs des *Mémoires de Richelieu?* Évidemment, elle n'est pas aussi considérable que si ces inventaires ne se rapportaient qu'à des pièces préparées pour la composition des *Mémoires;* mais elle est encore suffisamment importante, en ce sens qu'ils pourront servir de guides sûrs pour la recherche des sources de l'œuvre du Cardinal. Ils éclaireront la route à suivre et permettront de distinguer les documents qui, parce qu'ils proviendront du cabinet de Richelieu, seront à examiner et à étudier, de ceux qui pourront être négligés parce qu'ils auront une autre origine. C'est cette utilité pratique de ces inventaires qui m'a engagé à donner ci-après en appendice le relevé de tous leurs titres, et cela m'a permis de faire, chemin faisant, des remarques et des observations qui n'auraient pu trouver place dans le présent travail.

---

1. Je puis signaler comme existant encore les chemises ou couvertures de trois de ces liasses, appartenant aux années 1631, 1632 et 1633, dans les volumes France 798, fol. 151, 802, fol. 213, et 807, fol. 254.

APPENDICE.

Titres des inventaires des papiers de Richelieu.

Année 1611[1].

[Trois pièces seulement[2]. La seconde est une lettre du sieur Richard, envoyé à Rome par Monsieur de Luçon, « par laquelle il paroît que ce prélat avoit déjà de très grandes vues ».]

Année 1612[3].

[Onze pièces : diverses lettres adressées à Richelieu.]

Année 1613[4].

[Trois pièces : affaires personnelles du Cardinal.]

Année 1614[5].

[Cinq pièces de même nature.]

Année 1615[6].

[Vingt-deux pièces : lettres diverses.]

Année 1616[7].

[Pièces rangées sous quatre numéros, sans titres, et se rap-

---

1. Bibl. nat., ms. Clairambault 521, p. 115.
2. Nous donnons les titres des inventaires tels qu'ils sont inscrits en tête de chacun d'eux; quand il n'y en a pas, nous plaçons entre crochets les indications nécessaires.
3. Clairambault 521, p. 115-116.
4. *Ibidem*, p. 117.
5. *Ibidem*, p. 117-118.
6. *Ibidem,* p. 119-121.
7. *Ibidem*, p. 122.

portant aux affaires de Savoie, de Rome, de Hollande, de Venise et aux pensions accordées à Marie de Médicis.]

Année 1617[1].

1. Papiers qui contiennent tout ce qui a été fait pour abattre le parti de M. de Nevers.

2. Lettres de M. de Luynes et de Monsieur d'Agen à M. l'évêque de Luçon.

3. Lettres du Roi, de la Reine mère, de M. l'évêque de Béziers et de Mme de Guercheville à M. l'évêque de Luçon.

4. Lettres de peu de conséquence à Monsieur de Luçon sur ses disgrâces.

5. Lettres de Tantuchi, Italien, qui avoit été attaché à la maréchale d'Ancre.

6. Rome.

7. Venise.

8. Savoie.

9. Grisons.

10. Allemagne.

11. Bohême, 1616-1617.

12. Hollande.

[Le numéro 13 manque.]

14. Hollande, Pays-Bas, Lorraine, minutes, du Maurier, la Noue.

15. Lettres de la Noue.

16. Du Maurier.

17. Pays-Bas, Péricard.

1. Clairambault 521, p. 123-126, et minute de la main de l'abbé Le Grand, p. 211-212; la copie ne contient que les douze premiers articles.

Année 1618[1].

1. [Pièces diverses sur la disgrâce de Richelieu.]

2. [Deux pièces : affaires d'Orange.]

Année 1619[2].

1. Plusieurs minutes de lettres.

2. Lettres de divers particuliers à la Reine mère et à Monsieur de Luçon.

3. Lettres de M. d'Épernon.

4. Lettres de M. de Luynes à l'évêque de Luçon.

Année 1620[3].

1. Minutes de lettres écrites par Monsieur de Luçon.

Il y a aussi des extraits des lettres du Roi et de la Reine mère, et un « Mémoire pour l'histoire de cette année ».

2. Lettres de M. le prince de Piémont et autres Italiens.

3. [Pièces diverses relatives à la Reine mère.]

4. Lettres de M. d'Argouges sur les affaires de la Reine mère.

5. Lettres de M. de Luynes.

6. Lettres de M. le connétable de Luynes à M. l'évêque de Luçon.

7. Lettres de M. l'archevêque de Sens à Monsieur de Luçon.

Le rédacteur écrit : « Cet archevêque paroît être attaché à M. de Luynes; il répond de sa candeur et de sa sincérité; il n'entre presque dans aucun détail; du reste, il écrit très bien. »

1. Clairambault 521, p. 127.
2. *Ibidem*, p. 128.
3. *Ibidem*, p. 128-130 et 135.

8. Lettres de M. de Cadenet, depuis maréchal de Chaulnes.

9. Lettres de M. d'Épernon.

Année 1621[1].

[Lettres classées sous dix numéros, sans presque d'autre indication que les noms des personnages dont elles émanent.]

Année 1622[2].

1. Lettres de M. de Marillac.

Le rédacteur appelle à différentes reprises le Cardinal : « Luçon », tout court.

2. Lettres de M. Schönberg. — Lettres de M. Lucas, commis de M. de la Ville-aux-Clercs. — M. Baltazar.

3. Lettres[3] et extraits de diverses personnes. — Extrait des lettres que le Roi a écrit à la Reine mère pendant l'année 1622. — M. le cardinal de Retz. — Béthune.

4. Affaires[4] et lettres du sieur Barbin, intendant de la maison de la Reine.

5. Lettres[5] de M. Desportes-Bevilliers à Monsieur de Luçon. — Lettres de M. de Lumagne.

6. Lettres de M. de Bérulle, procureur général de la Reine mère.

7. Avis et lettres touchant les domaines de la feue reine Marguerite.

8. [Lettres diverses.]

La copie qui se trouve dans le manuscrit Clairambault indique encore :

9 à **11**. Lettres adressées à Richelieu sur sa promotion au cardinalat.

---

1. Clairambault 521, p. 135-137.
2. France 775, fol. 94-129, et Clairambault 521, fol. 137-139.
3. La minute de ce numéro, de la main de l'abbé Le Grand, est dans le volume France 775, fol. 237.
4. *Ibidem*, fol. 258-260.
5. *Ibidem*, fol. 287-288.

12. Affaires étrangères.

Il n'y a que trois pièces sous ce numéro.

Année 1623[1].

1. Lettres de différentes personnes.

2. Lettres et gazettes de Rome et d'Italie.

Au 23 février, le rédacteur écrit : « Lettres qui ne disent rien. »

3. Lettres, factums, procédures, et arrêt du Parlement de Paris intervenu au sujet de l'excommunication prononcée par le sieur Miron, évêque d'Angers, contre le sieur Garande, grand archidiacre, pour avoir refusé, par ordre du chapitre, d'assister M. l'évêque d'Angers à la consécration du chrême qu'il vouloit faire hors son église cathédrale.

4. Papiers pour les bénéfices et pensions que M. de Bragelongne, doyen de Saint-Martin de Tours, a données à M. le Cardinal pour l'évêché de Luçon.

5. Pièces touchant l'abbaye de Sainte-Mélaine, que la Reine prétend être à sa collation.

Année 1624[2].

1. Dedans du royaume : 1° Religionnaires;

2° Richelieu sur sa préséance au Conseil;

A la suite de la mention d'une pièce du 20 mai, le rédacteur a écrit : « C'est un fade panégérique (*sic*) du cardinal de Richelieu, imprimé. »

3° La Vieuville.

---

1. France 778, fol. 2-9. Il y a un autre inventaire de ces papiers dans le ms. Clairambault 521, p. 141-142, mais quelque peu différent.
2. Les numéros 1, 2, 18 (sauf un feuillet) et 19 sont dans le volume France 778, fol. 163-170; les autres, de 3 à 17 et un feuillet de 18, sont dans France 246, fol. 1 à 30. Il y a aussi un autre inventaire des pièces de 1624 dans le manuscrit Clairambault 551, p. 142 v° et 131-134; mais il est moins complet, et l'ordre en est différent.

Une des pièces est ainsi analysée : « Déportement (*sic*) de
la Vieuville écrit de la main d'un secrétaire du Cardinal ; c'est une espèce d'agenda qu'on ne peut copier. »
— Et ensuite : « Ce que le Roi dit au Conseil après la
disgrâce de la Vieuville. Ceci est écrit de la même
main. »

2. Lettres de plusieurs particuliers.

3. Minutes de M. le cardinal de Richelieu.

4. Rome. M. de Béthune, ambassadeur. — Brefs à Monsieur
le Cardinal. — M. l'archevêque de Lyon.

5. Le P. de Bérulle.

6. M. l'archevêque de Tarse, nonce. M. Eschinard.

7. Valteline. Espagne. Du Fargis, ambassadeur.

8. Valteline.

9. Allemagne.

10. Hollande[1].

11. Angleterre. Effiat, ambassadeur.

12. Angleterre.

Au folio 21, on lit : « Raisons pour le mariage d'Angleterre. Ce sont trois écrits de la main d'un secrétaire du
Cardinal. »

13. Lorraine.

Au 20 septembre, le rédacteur écrit : « Nota que le feu
duc de Lorraine signoit au Cardinal : Votre très affec-
tionné et bien humble serviteur, et que le comte de
Vaudémont, son cadet, ne signe que : Votre très affec-
tionné. »

14. L'évêque de Verdun, Mansfeld, etc.

15. Savoie. — M. de Bullion.

Au folio 27, on lit : « On voit sur ces dépêches que

1. Lors de la reliure du volume 246, il y a eu interversion entre les
folios actuellement numérotés 14 et 15 à 20. — La minute de ce cahier, de
la main de l'abbé Le Grand, est dans le volume Clairambault 521, p. 213.

Richelieu est tombé en irrégularité pour avoir bien servi le Roi et l'État. »

16. Remontrances de plusieurs villes.

17. Marine.

18. [Un feuillet sans titre, contenant des analyses de lettres de divers personnages.]

Au 10 mars : « M. de Balzac; c'est tout dire. Grand compliment. »

18. Lettres de plusieurs cardinaux.

19. M. le marquis de Cœuvres et M. Miron. — M. de Marillac, [gouverneur] de Verdun.

Année 1625[1].

1. Religionnaires.

2. Divers mémoires.

3. Lettres de différentes personnes.

4. Valteline.

5. Lettres de M. de Schönberg.

Au 22 août, on lit : « Sur ce qui s'est passé en la conférence entre le nonce, Schönberg et Richelieu. »

6. Rome. Lettres de MM. de Lyon, de Béthune, etc.

7. Angleterre. M. d'Effiat. Mariage. Buckingham. Bérulle et lettres de M. d'Effiat.

8. Angleterre.

9. Angleterre. Monsieur de Mende. — M. de Blainville.

10. Hollande. M. d'Espesses[2].

11. Mansfeld. M. de Custojoux.

12. Allemagne.

---

1. France 780, fol. 314 à 353.
2. La minute des analyses de ce cahier, de la main de l'abbé Le Grand, est dans le volume Clairambault 521, p. 214.

13. Bullion. Savoie, Piémont, Gênes et Genève.

Au folio 350 v°, à la suite d'une analyse, le copiste ajoute : « Il y a avec ce mémoire un petit écrit de M. le cardinal de Richelieu, mais fait depuis 1629. »

14. Liège et Lorraine.

15. Marillac. — MM. Miron et marquis de Cœuvres.

Année 1626[1].

1. Clergé.

2. Affaires de Chalais. Intrigues pour le mariage de Monsieur. Baradat. 1626.

Au fol. 204, le rédacteur écrit : « Lettre de Mme de Chalais au Roi pour la grâce de son fils. Cette lettre est belle et touchante. Mme de Chalais étoit à Corbie. »

3. Affaires du maréchal d'Ornano.

Fol. 205 : « Pasquin en question *quodlibet...* » Le rédacteur ajoute : « Il y a bien de l'apparence que le Cardinal faisoit voir ces papiers au Roi pour l'aigrir contre Monsieur et contre ceux qui lui étoient attachés. »

4. Procès[2] de M. de Vendôme et de M. le Grand Prieur.

Fol. 206 v°, le rédacteur écrit : « Ceci est écrit de la main du secrétaire du Cardinal », et il ajoute dix lignes de considérations historiques et juridiques sur le procès.

5. Procès du P. Hervé et l'interrogatoire de Maricourt.

Avant les analyses, il y a une note historique sur ce P. Hervé, ou du Hervé, dont le copiste avait d'abord écrit le nom « du Cherré », trompé sans doute par la similitude avec le nom du secrétaire du Cardinal.

6. MM. Desplan, Saint-Géry, Valençay.

---

1. N°s 1 à 14, dans France 781, fol. 172-206, mais déclassés; n°s 15 à 33, dans France 246, fol. 63-156.
2. La minute de cet inventaire, de la main de l'abbé Le Grand, est dans le volume France 782, fol. 180-181.

7. Lettres de diverses personnes.

8. M. de Schönberg.

9. M. de Marillac.

10. MM. le lieutenant civil et chevalier du guet. Libelles, etc.

11. Monsieur le Prince.

12. Parlements et communautés de villes.

13. Lettres rangées par mois. Janvier à août.

14. [Suite de la rubrique précédente, sans titre.] Septembre à décembre.

15. Marillac. — MM. Miron, Bassompierre, de Cœuvres.

16. Divers mémoires.

Au folio 67, le rédacteur a écrit : « Tout ceci est écrit de la main de Marillac, et, sur le dos, est écrit de la main d'un secrétaire de M. le Cardinal », etc.; — au folio 69 : « Ceci est une des pièces ordinaires du Cardinal, qui, prévoyant », etc.

17. [Analyses de pièces diverses sans titre.]

18. Rome. — Brefs. — Lettres de cardinaux. — Lettres de M. de Béthune.

Fol. 75 v° : « Il paroît que la grâce pour la nièce du Cardinal est d'avoir un bref pour l'empêcher d'être religieuse. »

19. Valteline.

Au fol. 77, le rédacteur écrit : « A la marge..., il y a une remarque du Cardinal qui semble indiquer que l'amiable composition ... ne lui plaisoit pas. » — Un peu plus loin : « Il y a apparence que cet écrit a été fait, de l'ordre du cardinal de Richelieu, par un Grison supposé. »

20. Venise et Valteline. M. de Châteauneuf.

21. Venise, Grisons, Valteline.

22. Valteline, Châteauneuf.

23. Valteline, Grisons, Châteauneuf.

24. Venise, Aligre.

Au-dessous du titre, il y a : « Ceci devroit être avec les n°s 19 et 20. »

25. Italie. — M. de Bullion. — M. le Connétable et M. de Créquy.

26. Espagne. Du Fargis.

Au folio 114, le rédacteur écrit : « C'est une copie ... écrite par un secrétaire du cardinal de Richelieu pour faire condamner la conduite de du Fargis... »; — fol. 120 v° : « Ce mémoire paroît écrit de la main de Bérulle. »

27. Allemagne.

Au folio 124 v°, en marge de l'analyse d'un mémoire : « Je le crois de M. de Marcheville. »

28. Angleterre. Blainville, [l'évêque de] Mende, Bassompierre.

29. Angleterre.

30. Hollande.

31. [Analyses sans titre.]

32. Commerce. — Marine. — Amirauté d'Hollande.

Fol. 153 : « Relation du voyage du sieur Deshayes en Levant. » Le rédacteur ajoute : « Ce Deshayes fut enlevé en Allemagne par Charnacé et eut la tête tranchée à Lyon pour les affaires de Monsieur et de M. de Montmorency en 1632. » — Au verso : « Relation du commerce de Venise. » Le rédacteur écrit : « C'est véritablement une relation de tout le commerce qui s'est fait et qui se fait encore à Venise. Il est aisé de voir par cette relation que ce commerce doit être très diminué aujourd'hui, le pays produisant très peu de chose et Venise ayant si peu de vaisseaux, qu'ils sont obligés, la plupart du temps, de fréter des vaisseaux étrangers. »

33. Savoie.

Année 1627[1].

1. Affaires du clergé.

2. Monsieur le Prince et Monsieur le Comte.

Au folio 6, comme titre secondaire : « Pour l'histoire de 1627 touchant Monsieur le Comte »; — au folio 6 v° : « Agenda du Cardinal contenant plusieurs affaires très secrètes et très particulières. »

3. Affaire de M. de Vendôme.

4. Affaires criminelles.

Fol. 9 v° : « Avis sur le procès de Bouteville. » Le rédacteur ajoute : « C'est un grand discours du cardinal de Richelieu au Roi, pour … »

5. Finances et remontrances des villes et communautés.

6. [Sans titre.]

7. Minutes de M. le cardinal de Richelieu.

Au fol. 24 v°, comme titre secondaire : « Affaires de Monsieur de Verdun. »

8. La Rochelle et île de Ré.

9. L'île de Ré.

10. Hollande[2]. MM. d'Espesses, Custojoux, Aersen.

Janvier à juin.

11. Hollande. D'Espesses, Custojoux. Traité.

Juillet à décembre.

12. Angleterre.

13. Montaigu.

Fol. 176 : « Montaigu au Cardinal. C'est un compliment qui tient un peu du galimathias. »

---

1. N°ˢ 1-9, vol. France 785, fol. 2-39; n°ˢ 10-19, vol. France 246, fol. 160-201; n°ˢ 20-26, vol. France 786, fol. 2-20.
2. La minute des analyses de ce cahier et du suivant, de la main de l'abbé Le Grand, est dans le volume Clairambault 521, p. 215.

14. Savoie.

15. Lorraine[1].

16. Espagne.

>Fol. 179 : « Ce mémoire est écrit de la main du cardinal de Bérulle. »

17. Nord et Allemagne.

18. Venise. M. d'Aligre, ambassadeur.

19. Première liasse : Suisses, Grisons, Valtelins. — Deuxième liasse : Suisse. — Troisième liasse : Suisses, Valteline, Grisons.

20. [Pas de titre, non plus que dans les suivants. Lettres de diverses personnes, mois de janvier et février 1627[2].]

21. [Idem. Mars.]

22. [Idem. Avril et mai.]

23. [Idem. Juin.]

24. [Idem. Juillet.]

25. [Idem. Août.]

26. [Idem. Septembre.]

Les analyses des trois derniers mois manquent.

Année 1628[3].

1. Clergé.

>Fol. 213 v° : « Lettre du Roi très courte et très vive écrite de la main du garde des sceaux à Messieurs du clergé. »

2. Rohan. Religionnaires. Affaires criminelles.

>Fol. 224 v° : « Lettre de Monsieur le Prince à M. de Rohan avec la réponse. » Le rédacteur ajoute : « L'une

---

1. Même remarque que pour le n° 10.
2. La minute des n°ˢ 20 et 21, de la main de l'abbé Le Grand, est dans France 785, fol. 40-42; celle des n°ˢ 25, 26 et 27 dans France 786, fol. 21-23, 124-126 et 245-246.
3. France 248, fol. 213-355.

et l'autre sont imprimées à la suite des Mémoires de
Rohan[1] » ; — fol. 227 v°, le rédacteur écrit : « Il y a
aussi plusieurs lettres de Beaufort, parmi celles qui sont
rangées par mois, qu'il faut voir. »

3. Lettres de la Reine au Roi et à M. le cardinal de Richelieu.

4. Lettres de Monsieur, et quelques-unes de la reine d'Angleterre.

5. Lettres du garde des sceaux, du surintendant et des
secrétaires d'État.

6. Minutes de M. le cardinal de Richelieu.

7. M. de Bullion[2].

8. Lettres du nonce.

9. Affaires de la Valteline. Allemagne. Lettre du roi de
Danemark.

10. Affaires de Langlois.

Fol. 253 : Notes historiques sur cet abbé Langlois, qui
ont pour auteur le rédacteur des analyses.

11. La Rochelle.

Fol. 259 : « Billet en jargon mêlé de beaucoup de mots
espagnols. » Le rédacteur ajoute : « Je crois que celui
qui est marqué par Saint-Hooré (sic) est le Cardinal » ;
— fol. 262 : « Petit bordereau écrit de la main d'un
secrétaire du Cardinal. »

12. Angleterre.

Fin de 1627 jusqu'à juin 1628. — Fol. 263 : Appréciations du rédacteur sur un pamphlet intitulé : « Lunettes
de Hollande. »

13. Angleterre.

Juillet à décembre 1628.

14. Espagne.

---

1. La première édition de ces *Mémoires* est de 1644.
2. La minute de cet inventaire, de la main de l'abbé Le Grand, est
dans France 790, fol. 42-44.

15. Lettres de M. de Guron.

16. Lettres du maréchal de Créquy.

17. Affaires diverses d'Italie.

18. Mantoue et Casal.

19. Divers avis, projets et mémoires. Affaires d'Allemagne.

Fol. 324 : « Ce mémoire paroît être du cardinal de Bérulle. »

20. Marine.

21. Plusieurs lettres de la Reine mère et de quelques autres dames sans dates; mais elles paroissent des années 1628 et 1629.

22. Lettres omises dans leur ordre.

23. [Pas de titre. Lettres de diverses personnes. Avril[1].]

24. [Idem. Mai.]

25. [Idem. Juin.]

26. [Idem. Juillet.]

27. [Idem. Août.]

28. [Idem. Septembre.]

29. [Idem. Octobre.]

30. [Idem. Novembre.]

31. [Idem. Décembre.]

32. Lettres[2] de M. de la Ville-aux-Clercs.

33. [Pas de titre. Lettres diverses. Août, septembre, octobre.]

Année 1629[3].

1. Lettres du Roi et de Monsieur.

1. Les minutes des inventaires n°ˢ 24 à 31, de la main de l'abbé Le Grand, sont dans les volumes France 790, fol. 145-146 et 185, et France 791, fol. 2-3, 45, 72, 134, 163 et 209. — Il n'y a pas de liasse pour les trois premiers mois.
2. Même remarque : France 790, fol. 58-60.
3. France 249, fol. 135-322. Le manuscrit Clairambault 521, p. 143-158,

2. Lettres des Reines.

3. Affaires de Monsieur.

4. Affaires de Monsieur.

5. Affaires de Monsieur.

C'est sans doute le grand nombre des documents qui a fait constituer ces trois liasses au lieu d'une seule.

6. Minutes du cardinal de Richelieu.

7. Lettres du Garde des sceaux.

8. [Pas d'autre titre que l'année, suivie de ces mots : « Il y en a de 1626. »]

9. M. de Châteauneuf et M. de Bullion.

10. Lettres de M. le cardinal de Bérulle des années 1627, 1628 et 1629.

11. M. le cardinal de Bérulle. M. le comte de Béthune, ambassadeur à Rome.

12. Lettres de M. le marquis d'Effiat.

13. M. et Mme de Vendôme.

14. Voyage du Roi en Italie, avec le traité de Suse et la suite de ce traité.

15. Savoie.

16. M. le maréchal de Créquy.

17. Piémont. M. le maréchal de Créquy.

18. Lettres de M. de Mantoue.

19. Casal et Mantoue. Guron.

20. M. Servien.

21. M. d'Hémery.

22. Italie, Mantoue, Casal, Montferrat, Savoie, etc.

23. Sabran. Gênes. — Augustin Fiesque.

contient une première rédaction abrégée de ces analyses pour les numéros 27 à 42; mais ces numéros ne correspondent pas exactement à ceux du volume des Affaires étrangères dont nous donnons le relevé.

24. Espagne.

Fol. 228 : « Journal du sieur de Bautru. » Le rédacteur ajoute : « Ce journal est fort sec; » — fol. 229 : « Je crois que ceci est du cardinal de Bérulle. »

25. M. de Guise.

26. M. le maréchal d'Estrées.

27. [Il n'y a que les cinq dernières lignes de ce numéro.]

28. M. le maréchal de Schönberg.

29. Guerres en Languedoc pour la Religion. Lettres de M. de Montmorency.

30. Venise. Avaux, ambassadeur.

31. Suisses et Grisons. M. Mesmin, ambassadeur.

32. Lorraine et les Trois-Évêchés[1].

Chaque analyse porte un numéro d'ordre. C'est la première fois qu'il en est ainsi.

33. Hollande. Pays-Bas. Bautru. M. de Baugy, ambassadeur.

Les mots *Pays-Bas* et *Bautru* ont été ajoutés sur le titre à une époque postérieure. Numérotage analogue à celui du précédent inventaire. Les folios 256-258 ne semblent pas se rapporter à ce cahier de Hollande.

34. Angleterre.

Pas de rumérotage des analyses, non plus que dans les suivants.

35. Angleterre. Lettres de M. de Châteauneuf.

36. Paix d'Angleterre.

37. Angleterre. Serments, formes d'écrire, etc.

38. Angleterre. Marine. Canada.

39. Angleterre. Commerce.

40. Allemagne. — Sabran à Vienne.

---

1. La minute des analyses des nᵒˢ 32 et 33 est dans le manuscrit Clairambault 521, p. 217.

41. Danemark. Zobel, ambassadeur de Danemark.

42. M. Deshayes. Commerce du nord.

43. Nord. Charnacé envoyé.

44. Négociation de M. de Charnacé dans le nord entre les rois de Suède, de Pologne, de Danemark, l'électeur de Brandebourg et Dantzig.

45. Mélanges.

46. Divers mémoires et requêtes sans date.

Pièces numérotées de 1 à 18.

47. Lettres dont on ne peut trouver la date.

Numérotées de 1 à 27.

48. [C'est à tort que ceci est numéroté 48; c'est la suite du titre précédent et le numérotage des analyses continue de 28 à 37.]

49. [Procès du sieur Langlois[1].]

50. Affaires de la guerre.

51. Lettres rangées par mois. Janvier à avril.

52. Mai et juin.

53. Juillet [et août].

54. Septembre.

55. Octobre.

56. Novembre et décembre.

57. Calais. M. de Valençay.

58. Affaires de M. de Vendôme.

59. Marine, voyages, commerce.

Année 1630[2].

1. Clergé. Richer.

1. Voyez le n° 10 de 1628.
2. France 250, fol. 185-317. Le manuscrit Clairambault 521, p. 159-173, contient la copie d'une première rédaction de ces analyses pour les n°ˢ 18-27.

Le rédacteur écrit : « Ces pièces qui concernent Richer
sont en très petit nombre par rapport à ce qui s'est
passé à son égard pendant près de vingt ans de dis-
putes. »

2. Lettres du Roi et des Reines.

3. Lettres de M. de Savoie, du prince et de la princesse de
Piémont, le cardinal de Savoie, le prince Thomas.

4. Concernant Monsieur.

Réflexions du rédacteur : « La date de cette lettre est à
examiner; — cette lettre est grande et longue. »

5. Dedans du royaume.

De janvier à août seulement. Ce ne sont pas des analyses
de pièces, mais plutôt un résumé des faits qui se sont
passés chaque mois, sans indication de jours.

6. Parlement, chevalier du guet, finances.

7. Toiras.

8. M. du Gué.

9. M. le maréchal de Créquy.

10. Lettres de M. de Montmorency, mises par ordre.

11. Lettres de M. de Marillac.

En tête, il y a des réflexions sur Marillac et sur ce qu'il
fit cette année.

12. M. du Fargis.

13. Guerre.

Artillerie, régiments, projets, etc.

14. M. et Mme de Vendôme.

15. Minutes et lettres de 1630.

16. [Pas de titre. Pièces relatives aux armées.]

17. Lettres de M. de Bullion.

18. Lettres de M. de Bouthillier.

19. Journal contenant divers avis contre M. de Guise, 1630-
1631.

Au folio 231 : « Lettres de M. de Guise de 1630. »

20. Lettres de M. de Schönberg.

21. Marine.

22. Relation de M. le maréchal d'Estrées de son voyage à Mantoue et ce qui s'est passé jusqu'à la prise de cette place. Lettres du même de Turin.

23. M. d'Hémery.

24. A. Journal commencé le 29 décembre 1629 en partant de Pignerol pour le second voyage d'Italie, où sont les choses principales concernant le sujet de ce voyage, jusqu'au partement de M. le Cardinal de Pignerol, le 2 de mai 1630, pour venir trouver le Roi en Savoie.

> Il semble bien que ce titre, comme les suivants, soit celui donné par les secrétaires du Cardinal à la liasse qui contenait ces pièces. — Ce « journal » est paginé de 1 à 149; c'est le premier qui présente cette particularité.

B. Suite du Journal d'Italie, jusqu'au 6 de juillet, qui comprend la conquête de la Savoie.

> Paginé de 1 à 195, et probablement plus loin, les dernières analyses n'étant pas précédées d'une mention de pages.

C. Suite du Journal des affaires d'Italie, commencé le 6 juillet, jour que l'armée du Roi destinée au secours de Casal fut passée.

> Paginé de 1 à 241.

D. Journal commencé le 15 d'août, jour du départ de M. le maréchal de Schönberg pour passer en Piémont.

> Paginé de 1 à 237.

E. Journal[1] qui commence au 4e de septembre, lorsque la suspension générale a été faite.

> Paginé de 1 à 305.

---

1. La minute de ce Journal, de la main de l'abbé Le Grand, est dans le volume Italie 13, fol. 371-372.

F. Journal commencé le 22 octobre, à la réception du traité signé à Ratisbonne par le sieur de Léon avec les députés de l'Empereur.

Paginé de 1 à 309.

G. Journal commencé le 25 de novembre, lors du partement de M. Servien, ambassadeur extraordinaire pour le Roi en Piémont.

Paginé de 1 à 161.

Traités passés en Italie, depuis le premier voyage que le Roi y fit en l'année 1629 jusqu'en l'année 1632 après l'échange de Pignerol entre les ministres du Roi et ceux de l'Empereur, du roi d'Espagne, M. de Savoie et M. de Mantoue.

> Paginé de 1 à 92. — En regard de l'analyse de la pièce paginée 4, il y a cette note : « Ceci n'est point imprimé dans les traités de paix de Léonard. » Mention analogue en regard des pièces des pages 23 à 40. A la fin des analyses il y a l'indication suivante : « Brouillons pour l'Histoire. Deux cahiers, dont un est un grand discours sur les occasions de la brouillerie de la Reine mère avec le Cardinal; dans l'autre, des additions pour les années 1629, 1630, 1631, 1632, tirées des négociations de M. de Charnacé. »

25. Rome. Béthune. Brassac.

26. Venise. MM. de Rohan et d'Avaux.

27. Lettres de M. de Mantoue.

28. Piémont.

Lettres du marquis d'Effiat, juillet à septembre.

29. M. Servien.

30. Le maréchal de la Force.

31. Lettres qui ont été trouvées, parmi plusieurs autres, entre les papiers du sieur Biandra, agent de Savoie. Ces lettres sont de très peu de conséquence.

32. Entreprises qu'on peut faire sur les États de M. de Savoie. — État du marquisat de Saluces.

33. Bresse et Savoie. M. du Hallier.

34. Pignerol. Casal. Mazarini. Projets.

35. [Pièces diverses sur Casal et Pignerol.]

36. Gênes.

37. Bassompierre. Suisses.

38. Allemagne.

Au-dessous du titre, le rédacteur ajoute : « Ce paquet contient uniquement la négociation du P. Joseph et de M. de Léon en Allemagne. » — Ces analyses sont numérotées de 1 à 25 de la main de l'abbé Le Grand.

39. Allemagne. Vienne et le Rhin.

Analyses numérotées de 1 à 8 par l'abbé Le Grand.

40. Lorraine [1]. Copies collationnées, etc.

Numérotées de 1 à 19.

41. Hollande. M. de Baugy, ambassadeur.

Numérotées de 1 à 7.

42. Angleterre.

43. Espagne.

44. Nord. Suède.

Numérotées de 1 à 67. — Le dernier article est intitulé : « Minutes ou brouillons pour servir à l'Histoire. »

45. [Lettres par ordre de dates.] Janvier, février [2].

46. Mars.

47. Avril.

48. Mai, juin.

49. Juillet.

---

1. La minute de ces analyses, de la main de l'abbé Le Grand, pour les nᵒˢ 40, 41 et 48 à 50, se trouve dans le manuscrit Clairambault 521.
2. La minute de l'inventaire des nᵒˢ 45-47, de la main de l'abbé Le Grand, est dans France 796, fol. 19, 45 et 85.

50. Août, septembre, octobre.

51. Novembre, décembre.

52. M. de Brassac, de Rome.

A la suite de ces cinquante-deux inventaires, il y en a une autre rédaction abrégée[1], numérotée de 1 à 45. Les dix-huit premiers numéros sont conformes comme sujet à ceux énumérés ci-dessus. Le n° 19 est intitulé : « Mémoire de divers services particuliers rendus par le Cardinal. Le n° 20 est conforme au n° 19 ci-dessus. Le n° 21 est le n° 24 F ci-dessus. Les n°s 22 à 26 correspondent aux n°s 20, 21, 24, 23 et 22; les n°s 27 à 36 aux n^{os} ci-dessus 25 à 34, et les n°s 37 à 45 aux n°s 36 à 44.

Année 1631[2].

1. Lettres du Roi à Monsieur le Prince.

Ce titre n'est suivi d'aucune analyse.

2. La Reine mère et Monsieur.

3. Concernant Monsieur.

4. Journal de Monsieur commençant le jour qu'il partit de Paris pour s'en aller à Orléans.

Ce Journal était paginé, mais seulement jusqu'à la page 37. — Sa chemise intitulée : « Premier Journal. — Journal de Monsieur, etc., » comme ci-dessus, se trouve dans le volume France 798, fol. 151; il débutait par un récit des événements, qui a servi à la rédaction des *Mémoires*.

5. Journal d'Allemagne pour les années 1631, 1632, 1633 et 1634.

Paginé de 1 à 491.

6. Jugement et arrêts rendus, tant à la chambre de justice,

1. Elle occupe les folios 319 à 338 du volume France 250.
2. France 252, fol. 139-189. Le manuscrit Clairambault 521 contient la minute de ces analyses, de la main de l'abbé Le Grand, pour les n°s 24, 36-38, 40, 47 et 49-52.

parlement de Dijon, de Metz, qu'autres lieux, contre divers
particuliers pour crime de lèse-majesté en 1631, 1632, 1633
et 1634.

Paginé de 1 à 319.

7. Religionnaires.

8. Parlement.

9. Lettres de diverses personnes sans date.

Le rédacteur dit : « La première est la plus curieuse et
fait voir que le Cardinal se servoit de toutes sortes de
moyens et de toutes sortes de gens pour arriver à ses
fins. »

10. Lettres de M. d'Effiat, surintendant des finances.

11. Lettres de M. de Châteauneuf, garde des sceaux.

12. Lettres du chevalier du guet.

13. Lettres de M. Guise.

14. M. de Bullion.

15. Lettres de M. Bouthillier.

16. Lettres de M. du Châtelet, intendant en Bourgogne.

17. Lettres de M. de Vaubecourt, gouverneur de Verdun.

18. Lettres du maréchal de Schönberg.

19. Lettres du maréchal d'Estrées.

20. M. le maréchal de la Force. Mme de Bouillon.

21. Lettres de M. d'Hémery.

22. Lettres de M. du Hallier.

23. Guerre.

24. Lettres de M. Berruyer.

Réflexion du rédacteur : « On ne peut pas dire quelle
part le Roi avoit en tout cela. »

25. [Réunion de terres au domaine.]

26. Rome. M. de Brassac, ambassadeur.

27. Lettres du cardinal Bagni.

28. Italie. MM. de Toiras, Servien, Mazarini, Galas, Colloredo, Pancirote, d'Hémery. Janvier à avril.

29. Italie; mai, juin et juillet. MM. de Toiras, Servien et Galas.

30. Italie; août, septembre. MM. Servien et Mazarin.

31. Italie; octobre, novembre, décembre. MM. de Toiras, Servien, Mazarin.

32. Gênes. Lettres de M. de Sabran.

33. Lettres de M. le duc et de Mme la duchesse de Savoie, du prince cardinal de Savoie et du prince Thomas.

34. Mantoue.

Ce ne sont que des lettres de compliments.

35. Suisses et Grisons.

36. Lorraine. [Lettres de l'évêque de Verdun.]

37. Lorraine. Lettres de M. le duc de Lorraine.

Numérotées de 1 à 25 de la main de l'abbé Le Grand.

38. Lorraine et Bar.

Onze liasses numérotées de 1 à 11 par l'abbé Le Grand.

39. Allemagne. — [Nos 1 à 54.]

40. Hollande. — [Nos 1 à 17.]

41. Angleterre.

42. Espagne.

43. Suède et Danemark. Papiers de M. le baron de Charnacé. — [Nos 1 à 68.]

44-55. [Lettres classées par ordre de dates; une liasse par mois.]

Analyses très sommaires, souvent pas d'autre indication que le nom du signataire et la date.

Année 1632[1].

1. Lettres du Roi à M. le Cardinal.

1. France 252, fol. 336-388.

2. Concernant la Reine mère et Monsieur.

3. Touchant Monsieur.

4. Clergé.

5. Religionnaires.

Pas d'analyses.

6. Procès de M. de Marillac.

7. Lettres de M. le Garde des sceaux.

8. Le chevalier du guet.

9. Lettres de M. de Saint-Chamond.

10. M. Bouthillier.

11. M. d'Effiat.

12. M. de Montmorency.

13. Languedoc. M. de Montmorency.

14. Lettres de M. de Bullion.

15. M. le maréchal de Créquy.

16. M. d'Hémery, intendant de Languedoc.

17. Lettres de M. le maréchal de Vitry.

18. M. le maréchal de la Force.

19. [M. de Noailles.]

20. Lettres de M. de Schönberg.

21. Affaires et avis.

22. Guerre.

23. Marine.

24. [Pas de titre.]

Note du rédacteur placée en tête : « Parmi ces brouillons ou minutes de l'Histoire de cette année sont les pièces suivantes. » Ces pièces, d'après les analyses, semblent de peu d'intérêt.

25. Ce cahier regarde le roi de Suède et l'Allemagne. Il n'y a que deux ou trois pièces considérables.

26. [Lorraine.]

27. Diverses lettres interceptées venant de Flandres et d'Allemagne.

Numérotées de 1 à 10.

28. Journal de Monsieur, du jour qu'il entra en France avec armes en 1632, ensemble du dernier voyage de Languedoc.

Paginé de 1 à 609. Le feuillet de couverture de ce journal est dans le volume France 802, fol. 215.

29. Journal ou diaire de ce qui est arrivé en l'année 1632 en un seul cahier.

C'est la pièce conservée dans France 252, fol. 316-335.

30. Rome. M. de Brassac, ambassadeur.

31. Mantoue.

32. Gênes. Sabran.

33. Piémont[1], Montferrat; janvier, février, mars, avril et mai.

34. Piémont, Montferrat, Servien, Toiras; juin, juillet, août.

35. Piémont, Montferrat; septembre, octobre, novembre et décembre.

36. Pignerol.

37. Lettres particulières de M. le duc et de Mme la duchesse et de M. le cardinal de Savoie.

38. Grisons et Valteline. M. de Rohan.

39. Allemagne. Les électeurs ecclésiastiques et l'électeur de Bavière. [N°s 1 à 21.]

40. État des papiers d'Allemagne. [N°s 1 à 12.]

41. Lettres de M. le maréchal d'Estrées du siège de Trèves. [N°s 1 à 6.]

42. Lettres de M. l'archevêque de Trèves. [N°s 1 à 12.]

---

1. Les minutes des n°s 33, 34 et 35, de la main de l'abbé Le Grand, sont dans le manuscrit Clairambault 521, p. 175-189; mais elles portent les numéros 29, 30 et 31.

43. Lorraine.

44. Lorraine et les Trois-Évêchés.

45. Pays-Bas et Hollande; janvier à juillet.

46. Pays-Bas; août à décembre.

47. Angleterre.

48. Espagne. MM. de Barraux et Bautru.

49. Suède. Allemagne. Charnacé, Brezé. [Nᵒˢ 1 à 46.]

50. Levant.

51-56. [Lettres de l'année 1632, rangées par mois et dates.]

Année 1633[1].

1. Affaires ecclésiastiques.

2. Religionnaires.

3. Conspirations.

4. Affaires criminelles.

5. Sur l'emprisonnement de M. de Châteauneuf.

6. Lettres de MM. les Gardes des sceaux.

7. MM. Bouthillier et de Bullion.

8. M. d'Halluin. États de Languedoc.

9. Lettres de M. le maréchal de la Force.

10. Guerre.

11. Mémoire des fortifications de Picardie.

12. Marine.

13. Lettres interceptées qui sont venues par la voie de Bruxelles.

14. Lettres interceptées la plupart venant d'Angleterre et de Madrid.

---

1. France 253, fol. 149-214. La minute des nᵒˢ 22 et 23, de la main de l'abbé Le Grand, est dans le manuscrit Clairambault 521, p. 250-251.

15. Rome. M. Gueffier, agent; M. le duc de Créquy, ambassadeur.

16. Venise. M. de la Thuilerie.

17. Mantoue. Casal.

18. Gênes. Lettres de M. de Sabran.

19. Savoie, Piémont.

20. Suisses et Grisons.

21. Allemagne.

22. Lorraine et Trèves. M. de Saint-Chamond.

23. Lorraine et Trèves. M. le maréchal d'Estrées, MM. de la Saludie, de Guron et l'archevêque de Trèves.

24. Hollande. MM. de Baugy et de Charnacé.

25. [Pas de titre.]

> Ce numéro renferme huit liasses. Les deux premières contiennent diverses pièces de MM. de Charnacé, Servien et Toiras. Liasse 3 : « Second journal de Monsieur, commençant en juillet 1633, que les sieurs d'Elbène arrivèrent à la cour par son accommodement »; paginée de 1 à 89. — Liasse 4, paginée de 1 à 219 : « Journal d'Italie, 1633. » — Liasse 5, paginée de 1 à 135 : « Journal de l'année 1633, pour joindre à celui de Lorraine de la même année. » — Liasse 6, paginée de 1 à 257 : « Journal de Lorraine. Il commence dès la fin de 1631, et il y a beaucoup de mauvaises minutes et plusieurs brouillons. » — Liasse 7, paginée de 1 à 309 : « Journal d'Hollande contenant toutes les instructions qui ont été données à M. de Charnacé, les dépêches qu'il a reçues et celles qu'il a écrites, depuis le mois de mars 1633[1]. » — Liasse 8 (non numérotée) : « Journal de M. de Charnacé pour l'année 1633 et partie de l'année 1634. » Ce titre n'est suivi d'aucune analyse.

26. Angleterre. M. de Fontenay, ambassadeur.

27. Espagne. M. de Barraux.

---

1. La minute de l'inventaire de cette liasse, par l'abbé Le Grand, est dans le volume Hollande 14, fol. 646.

28. Lettres du Roi à M. le cardinal de Richelieu.

Ce titre n'est suivi d'aucune analyse.

29-32. Lettres de diverses personnes rangées par mois.

Année 1634[1].

1. Inventaire des pièces contenues dans le journal de 1634.

Ce Journal était paginé de 1 à 663; mais la pagination n'est indiquée qu'à partir de 133.

2. Journal d'Italie sur le sujet de la comprotection de la France, commençant au mois d'avril.

Paginé de 1 à 83.

3. Journal contenant les procédures faites au parlement de Paris contre M. de Lorraine, sur le sujet du prétendu mariage de Monsieur, frère unique du Roi, avec Mme la princesse Marguerite en 1634.

Rien que ce titre, ainsi que pour le suivant.

4. Journal de Monsieur, commençant au mois d'octobre 1634. Il contient le reste de cette année, toute l'année suivante et partie de l'année 1636.

5. Journal succinct de ce qui s'est passé pendant l'année 1634.

« Deux cahiers qui ne sont que de mauvaises minutes de l'Histoire que faisoit faire M. le cardinal de Richelieu. »

6. Lettres presque toutes de la propre main du Roi au cardinal de Richelieu.

Rien que le titre, suivi d'une réflexion du rédacteur.

7. La Reine mère ou affaires qui la regardent.

8. Affaires ecclésiastiques.

9. Les religieuses de Loudun.

10. Religionnaires.

---

1. France 253, fol. 283-351. Il y a deux copies enchevêtrées des inventaires de cette année, l'une occupe les folios 283-298, 307-314 et 323-338, la seconde les autres folios; c'est cette dernière qui est la plus complète.

11. Affaire de M. l'archevêque de Bordeaux et de M. d'É-pernon.

12. Affaires criminelles.

13. Lettres de M. de Lamon qui gardoit M. de Châteauneuf dans le château d'Angoulême.

Rien que ce titre.

14. Finances.

15. Lettres de M. Séguier, garde des sceaux.

16. Lettres de M. Bouvard, premier médecin du Roi.

17. Lettres de M. Bouthillier.

18. Affaires de Provence. Lettres de MM. le maréchal de Vitry, de Saint-Chamond, le président Séguiran, Talon et autres.

19. Travaux, fortifications. Lettres de M. de Noyers.

20. Guerre, [entreprise sur Graveline].

21. Guerre, [pièces diverses].

22. Rome, [lettres du maréchal de Créquy].

23. Rome, lettres de plusieurs cardinaux et seigneurs romains.

24. Savoie. Extrait des lettres de M. du Plessis-Praslin.

25. Savoie, Florence, Parme et Mantoue.

26. Alsace. [Nos 1 à 5.]

27. Trèves[1]. [Nos 1 à 13.]

28. Allemagne et Suisse. [Nos 1 à 26.]

29. Lorraine et Montbéliard.

30. Hollande et Pays-Bas.

31. Espagne.

32-34. [Lettres classées par ordre de dates, janvier à décembre.

---

1. La minute de cet article, de la main de l'abbé Le Grand, est dans le volume Clairambault 521, p. 252.

Année 1635[1].

[Sans numéro.] Lettres de cette année rangées par mois et dates.

Rien autre chose que ce titre.

1. Pièces et procédures du procès de Michel Clausel.

2. Relation du voyage de M. de Saint-Chamond en Allemagne, écrite par lui-même et présentée à M. le cardinal de Richelieu.

3. Journal par mois et par jours de ce qui est arrivé pendant le cours de cette année.

C'est le Journal chronologique qui se trouve dans un des volumes du manuscrit B : France 55, fol. 317-341.

4. Journal de M. d'Halluin, gouverneur et commandant en Languedoc.

5. Journal de M. d'Angoulême depuis qu'il est parti pour aller commander l'armée avec M. le maréchal de la Force.

Paginé de 1 à 371.

6. Journal du voyage de M. le cardinal de la Valette[2].

Rien que le titre.

7. Journal de Provence, touchant la côte et les îles d'Hyères.

8. Journal d'Italie, commençant en juillet 1635.

Paginé de 1 à 493.

9. Journal de 1635.

Il est paginé de 1 à 585, et contient des pièces de tout genre se rapportant à toute espèce d'affaires.

10. Journal de Flandres, 1635 et partie de 1636.

Paginé de 1 à 567.

---

1. France 254. Deux copies : l'une occupe les folios 175 à 209, l'autre les folios 210-295.

2. La minute de cet article, de la main de l'abbé Le Grand, est dans le volume Clairambault 251, p. 253. Il en est de même pour les n°ˢ 8, 44 et 51 qui suivent.

11. Lettres de la main du Roi à M. le cardinal de Richelieu pendant l'année.

Rien que ce titre, comme pour l'article suivant.

12. Divers traités et mémoires sur le sujet de la nullité du mariage de Monsieur, frère du Roi, avec la princesse Marguerite, sœur du duc de Lorraine.

13. Affaires[1] du clergé et de l'Université.

14. Affaires criminelles.

15. Lettres de M. le premier président de Paris, de M. le procureur général, de M. le lieutenant civil.

16. Lettres de M. Bouvard, premier médecin du Roi.

17. Monsieur le Comte.

18. Copies ou minutes de mémoires, lettres et instructions de M. le cardinal de Richelieu.

Pièces numérotées d'une façon incomplète.

19. Mémoires donnés par le sieur Puget.

20. Lettres de M. Servien, secrétaire d'État pour la Guerre.

21. Le P. Joseph.

22. Province de Picardie.

23. [Calais.]

24. Lettres de M. le comte de Gramont, gouverneur de Bayonne.

25. Lettres de M. de Thiange et de M. l'abbé de Coursan, [Bourgogne et Franche-Comté].

26. Dauphiné. Lettres de MM. le comte de Sault, Talon et premier président.

27. Bordeaux et Guyenne. Lettres de MM. les ducs d'Épernon et de la Valette.

28. Languedoc. M. le duc d'Halluin.

---

1. Le commencement de la minute de cet inventaire, de la main de l'abbé Le Grand, est dans le volume France 813, fol. 2.

29. Languedoc. M. le duc d'Halluin.

On ne voit pas qu'il y ait de différence de composition ou de date entre ces deux liasses.

30. Lettres de MM. de Narbonne, Barry et Le Camus en décembre.

31. Provence. Lettres de M. de Saint-Chamond [et autres].

Décembre 1634 à avril 1635.

32. Provence. [Octobre à décembre 1635.]

33. Provence. Lettres de M. le maréchal de Vitry [et autres].

34. Provence. Galères, armée navale.

35. Bretagne.

36. Lettres d'Auger à Gerbier, [etc.].

37. Guerre.

38. Armée de Flandre.

« Lettres de MM. de Châtillon, de Brezé, [etc...], qu'il faut joindre avec le grand Journal. » C'est celui qui est désigné ci-dessus sous le n° 10.

39. Armée de Picardie. Lettres de M. de Chaulnes.

40. Armée de Lorraine.

Lettres des intendants, commissaires et munitionnaires.

41. Armée de Lorraine, commandée par M. le duc d'Angoulême et M. le maréchal de la Force.

Lettres des généraux et officiers.

42. Armée de Lorraine, pour joindre au Journal de M. le cardinal de la Valette et à celui de M. d'Angoulême.

Ce sont des lettres des intendants d'armée. Les deux journaux dont il est question sont les n°s 5 et 6 ci-dessus.

43. Ports de mer et autres affaires appartenant à la marine.

44. Armée d'Allemagne, commandée par M. le cardinal de la Valette et M. le duc Bernard de Weimar.

45. Rome. MM. le cardinal de Lyon et le comte de Noailles.

46. Lettres de cardinaux et seigneurs romains assez inutiles.

47. Savoie et Venise.

48. Savoie, Parme, Mantoue.

49. Gênes. M. de Sabran.

50. Grisons.

51. Trèves.

52. Allemagne.

Numéroté de 1 à 32.

53. Lorraine. Lettres de MM. de Vaubecourt et de Sourdis.

« Il les faut joindre avec les Journaux de M. le cardinal de la Valette et de M. le duc d'Angoulême » [n°s 5 et 6 ci-dessus].

54. Nancy et Verdun.

55. Hollande et Pays-Bas.

56. Angleterre. MM. de Senneterre et Poigny.

57. Marine.

Rien que le titre.

Année 1636[1].

1. Petit journal jour par jour de cette année.

Ce doit être le Journal chronologique de 1636, qui occupe dans le volume France 255 les folios 82 à 115.

2. Minutes pour l'histoire de cette année.

Rien que ce titre.

3. Divers avis.

4. Journal de l'année 1636.

Paginé de 1 à 285.

---

1. France 255; deux copies : l'une occupe les folios 116 à 311, l'autre les folios 312 à 389.

5. Journal d'Italie commençant en mars.

Paginé de 1 à 699.

6. Journal d'Hollande pour l'année 1636, commençant au mois de mars, le Journal de 1635 venant jusqu'à ce mois.

Paginé de 1 à 223.

7. Journal de Monsieur le Prince et M. de la Meilleraye, commençant en mai 1636.

Paginé de 1 à 201.

8. Dépêches de MM. le comte d'Harcourt et l'archevêque de Bordeaux, commençant du jour qu'ils partirent de la Rochelle avec l'armée navale jusqu'après la reprise des îles Sainte-Marguerite et Saint-Honorat.

Paginé de 1 à 467.

9. Journal du cardinal de la Valette et du duc de Weimar, commençant en juin.

Paginé de 1 à 305.

10. Journal des lettres que M. le comte de Soissons a écrites à M. le Cardinal pendant toute cette année, et de M. de Brezé pendant qu'il a commandé l'armée avec Monsieur le Comte.

Paginé de 1 à 71; pagination incomplète.

11. Journal commençant le 16 septembre que Monsieur est parti pour aller commander l'armée du Roi en Picardie.

Paginé de 1 à 293.

12. Journal de MM. d'Épernon, de la Valette, de Gramont, commençant au mois d'octobre, que les Espagnols entrèrent en Guyenne et se saisirent de Saint-Jean-de-Luz, Libourne, Socoa et autres lieux.

Paginé de 1 à 243.

13. Journal de Monsieur et de Monsieur le Comte, commençant au mois de novembre 1636 [et allant jusqu'en mars 1637].

Paginé de 1 à 455.

14. Allemagne.

15. Journal de lettres interceptées.

La plupart regardent la Reine, Mmes de Chevreuse et du Fargis. — Paginé de 1 à 233 et plus.

16. Lettres du Roi rangées par dates.

17. Sur les Dominicains et leur réforme.

18. Affaires criminelles.

19. [Pas de titre.]

« Ce qui est de plus considérable dans ce paquet et la déposition que le Roi fait, avec un billet tout écrit et signé de sa main, contre M. Servien. »

20. Lettres du Premier Président.

21. Ordres, lettres, mémoires et instructions de M. le Cardinal à diverses personnes, [janvier à juin].

22. Idem, [juillet à décembre].

23. Lettres de plusieurs personnes considérables qu'on n'a pu mettre sous aucun titre.

24. Lettres de M. de Bullion et de M. de Noyers.

25. Lettres de M. le duc de Saint-Simon.

26. [Lettres] de M. Mazarin. — Lettres du P. Carré.

27. Picardie et armée.

« A joindre avec le Journal de Monsieur et de Monsieur le Comte » [ci-dessus, n° 13].

28. Armée de Picardie pour le siège de Corbie. Les maréchaux de Chaulnes, la Force et Châtillon.

29. Lettres de M. le maréchal de Brezé pour les mois d'août, septembre et octobre, temps qu'il ne servoit point.

30. M. de Fortescuière. Le Havre.

31. Lettres de M. l'évêque de Mende, faisant fonction d'intendant des finances dans les armées de Lorraine et d'Alsace.

32. [Lettres de divers religieux.]

33. Bretagne.

34. Lyonnois et Bresse.

35. Angers, Poitou, Angoumois.

36. Languedoc.

37. Guyenne, Béarn et Basse-Navarre.

38. M. l'évêque de Nantes, en Provence.

39. Provence et armée navale, [janvier à août].

« A joindre au Journal de MM. d'Harcourt et de Bordeaux » [ci-dessus, n° 8].

40. Idem, [septembre à décembre].

41. Lettres de remerciements ou de compliments de différentes personnes.

42. Rome.

43. Brefs du Pape, lettres de cardinaux et du grand maître de Malte.

44. Mantoue, Parme, Venise, Casal et Pignerol.

45. Parme et Gênes. M. de Sabran.

46. Savoie, et Angleterre en partie.

47. Allemagne et Pologne.

48. Lettres de M. de Saint-Chamond, ambassadeur extraordinaire du Roi vers les princes d'Allemagne.

« A joindre avec une Relation du voyage de M. de Saint-Chamond qui est parmi les papiers de l'année 1635 » [n° 2 de cette année].

49. Valteline. Lettres de M. de Rohan et de M. Lanier.

50. Lorraine. Lettres des princes de la maison de Lorraine.

« Ce ne sont que compliments, demandes ou remerciements. »

51. Lorraine et Alsace.

Lettres des intendants, munitionnaires, etc.

52. Lorraine. [Lettres] de M. l'abbé de Coursan.

53. Lettres de divers officiers et commandants pour le Roi en Lorraine et en Alsace.

54. Lettres de différentes personnes.

55. Lettres de M. de Bullion.

56. M. de Longueville.

57. M. le Grand Maître [de l'artillerie].

« Pour joindre avec ce qui concerne la Bretagne » [ci-dessus, n° 33].

58. État de toutes les armées du Roi ainsi qu'elles devoient être durant l'année 1636.

59. [Assemblée du clergé. — Duel entre MM. de Lancosme et d'Humières.]

60. Hollandois.

Ce titre, de la main de l'abbé Le Grand, n'est porté que sur la seconde copie, fol. 387; il en est de même des titres des n°^{s} 63 et 64.

61. Angleterre. M. de Poigny, ambassadeur; M. de Senneterre, ambassadeur extraordinaire.

62. Angleterre, nouvelles.

63. Gênes et Provence.

64. Galères.

65. Marine.

66. Pays d'outre-mer.

Année 1637[1].

1. Journal de M. de Charnacé, et de M. d'Estampes, envoyé en Hollande dès qu'on sut la mort de M. de Charnacé.

Paginé de 1 à 185 et plus.

2. Journal de Savoie.

Paginé de 1 à 629.

---

1. France 256, fol. 136 à 288. Pas de seconde copie.

3. Continuation du Journal de Monsieur le Comte, commençant au retour de M. le comte de Biron et du P. Hilarion au commencement d'avril 1637.

Paginé de 1 à 115. Voyez année 1636, n° 13.

4. Journal de MM. d'Épernon, de la Valette et de Gramont.

Paginé de 1 à 149.

5. Liasse touchant la paix.

Paginé de 1 à 299.

6. Journal de M. de Châtillon.

Paginé de 1 à 101 et plus.

7. Allemagne.

8. Allemagne.

9. Allemagne. Lettres de MM. de Saint-Chamond et d'Avaux.

10. Nord et Allemagne.

> « Lettres de diverses personnes à joindre à celles de MM. de Saint-Chamond, d'Avaux, de Rorté et d'Avaugour » [ci-dessus, n° 9, et ci-dessous, n° 41]. Diverses sous-divisions intitulées : « M. Canazile », — « M. le Landgrave », — « M. de la Boderie, envoyé près du Landgrave », — « le sieur Nicolas », — « M. de Beauregard », — « le général Bannier ».

11. Journal de M. le duc Bernard de Weimar.

Paginé de 1 à 97 et plus.

12. Journal de Monsieur, commençant en mai.

13. Journal de M. le cardinal de la Valette, commençant en juin 1637.

Paginé de 1 à 279.

14. Liasse concernant la Provence et l'armée navale.

15. Journal de Languedoc, commençant le 30e d'août, que les Espagnols entrèrent dans la province.

Paginé de 1 à 181.

16. Rome. M. le maréchal d'Estrées, ambassadeur.

Paginé de 1 à 183 ; pagination non achevée.

17. [Pas de titre. Lettres et pièces de toute espèce.]

Paginé de 1 à 139.

18. Minutes de lettres, mémoires et instructions du cardinal de Richelieu.

19. Mémoires et instructions donnés par M. le cardinal de Richelieu aux ambassadeurs que le Roi a dans les pays étrangers.

20. [Lettres diverses.]

21. Affaires de religion.

22. Lettres du P. J.-B. Carré, prieur du noviciat des Jacobins de Paris.

23. Lettres de M. de Bullion.

24. Neuf lettres de M. le duc de Saint-Simon depuis qu'il fut à Blaye.

25. Lettres de divers particuliers.

26. Lettres à replacer dans leur ordre.

27. Picardie et Champagne.

28. Bretagne.

29. M. de Longueville, commandant en l'armée de Franche-Comté.

30. Pays d'Aunis, Saintonge, Poitou, Limousin et Périgord. — Bretagne.

31. Languedoc. M. d'Halluin.

32. M. le général des galères.

33. [Guerre.]

34. M. le maréchal de Vitry, gouverneur de Provence.

35. [Le sieur Lopez.]

36. Lettres, papiers et mémoires du P. Caussin.

37. Lettres des princes d'Italie et du grand maître de Malte.

38. Alsace et Lorraine. Monsieur de Mende, intendants et autres.

39. Lettres concernant l'Alsace, princes et États voisins.

40. Papiers et états concernant les troupes et les fortifications.

41. Suède et Pologne. Envoyés ou résidents, les barons de Rorté et d'Avaugour.

42. Extrait du livre des Gazettes de l'année 1637.

> C'est un cahier qui occupe les folios 111 à 135 du même
> volume France 250, et qui joue le rôle des Journaux
> chronologiques des deux années précédentes.

Année 1638[1].

1. Mémoires et instructions.

2. Copies de plusieurs lettres, mémoires et instructions.

Paginé de 1 à 95.

3. Grisons. Liasse Rohan.

Paginée de 1 à 199.

4. Liasse concernant Mme la duchesse de Chevreuse.

Paginée de 1 à 150.

5. Angleterre. Suite du Journal de M. de Bellièvre.

> Il n'y a pas de liasse Angleterre dans l'année 1637. Faut-il
> induire de la mention ci-dessus que cette liasse existait
> et qu'elle a disparu? — Paginé de 1 à 30; mais il y a à
> la suite beaucoup d'analyses sans pagination.

6. Angleterre. [Négociation du traité.]

Paginé de 1 à 69.

7. Hollande.

Paginé de 1 à 99.

---

1. France 257, fol. 154-275.

8. M. de Weimar.

Paginé de 1 à 81.

9. Relation de l'ambassade de M. de la Thuilerie à Venise..., écrite par lui-même et finissant au mois de janvier 1638.

10. Italie.

Paginé de 1 à 635.

11. Journal de MM. d'Épernon, de la Valette et de Gramont.

Pagination incomplètement relevée.

12. M. de Longueville.

Paginé de 1 à 49.

13. Journal de Monsieur le Prince.

Paginé de 1 à 173.

14. Cahier contenant ce qui s'est passé après la prise de Fontarabie.

Paginé de 1 à 279.

15. Languedoc. Journal de M. d'Halluin.

Paginé de 1 à 129; pagination incomplète.

16. Journal de M. d'Avaux, commençant en mars.

Paginé de 1 à 111.

17. Continuation des diligences pour la paix.

Paginé de 1 à 19.

18. M. le maréchal de Brezé.

Paginé de 1 à 61.

19. M. le maréchal de la Force.

Paginé de 1 à 23.

MM. de Châtillon et de la Force.

Paginé de 1 à 197.

20. Journal de Monsieur de Bordeaux.

Paginé de 1 à 99.

21. Journal de M. le comte d'Harcourt et de M. le Général des galères.

Paginé de 1 à 93.

22. Compliments sur la naissance de Monsieur le Dauphin.

23. Minutes de M. le cardinal de Richelieu.

24. MM. le Premier Président et le Procureur général du parlement de Paris.

25. M. de Bullion.

26. M. de Chavigny.

27. Lettres du P. Carré, supérieur du noviciat général des Jacobins réformés.

> Pas d'analyses. Le rédacteur met seulement cette note :
> « Comme il avoit fait vœu d'une obéissance aveugle à
> S. É., il lui écrit tout ce qu'il sait et tout ce qu'il ne
> sait pas. »

28. Lettres de plusieurs évêques, personnes religieuses et religionnaires.

29. Lettres de plusieurs personnes.

30. Lettres qu'on a trouvées dispersées.

31. M. de Saint-Preuil, gouverneur de Doullens.

32. Dauphiné. Chambre des comptes de Montpellier. Parlement de Bordeaux.

33. Bretagne.

34. Rome. M. le maréchal d'Estrées.

35. Affaires d'Italie, pour joindre au Journal d'Italie et d'Espagne.

36. Lettres de Lopez.

37. Lorraine et Alsace. Monsieur de Mende.

38. Quelques lettres d'Allemagne et du Nord.

39. Nouvelles et affaires d'Angleterre.

40. [Quelques pièces diverses, sans titre.]

Ce dernier article et quelques analyses du nº 39 sont tout ce qui reste de la seconde copie de ces inventaires qui existait pour cette année comme pour les précédentes.

Année 1639[1].

1. Divers projets.

2. M. le cardinal de la Valette.

3. Lettres de Monsieur le cardinal de Richelieu à M. le cardinal de la Valette, depuis le mois de mai 1638 jusqu'au 18 septembre 1639.

4. Journal de M. le cardinal de la Valette[2].

Paginé de 1 à 981.

5. M. d'Hémery. Piémont.

6. Journal d'Italie depuis la mort de M. le cardinal de la Valette et que M. le comte d'Harcourt y commande les armes du Roi, octobre 1639.

Paginé de 1 à 195.

7. Lettres de M. le duc de Weimar. M. de Guébriant.

8. Journal de M. le duc de Weimar.

Paginé de 1 à 117. La différence entre ces deux liasses est que le nº 7 ne contient que des lettres des deux personnages désignés, tandis que le nº 8 renferme des lettres et mémoires de Bernard de Weimar et d'autres officiers de son armée, des minutes du Cardinal, des instructions, etc., se rapportant toutes à l'armée du duc.

9. Le major général d'Erlach.

10. Journal de M. de Feuquière.—Lettres de M. de Feuquière.

Paginé de 1 à 113.

11. M. de Choisy, intendant en Champagne, Lorraine et Alsace.

1. France 258, fol. 58-217.
2. Voyez ci-dessus, p. 280-282.

12. Journal de M. de Châtillon. — Lettres de M. de Châtillon.
Paginé de 1 à 19.

13. Journal de M. le Grand Maître [de l'artillerie].
Paginé de 1 à 77; pagination incomplète.

14. M. d'Avaux.

15. Journal de M. de Schönberg.
Paginé de 1 à 347.

16. Languedoc et Roussillon. Lettres de M. le maréchal de Schönberg.

17. Journal de Monsieur le Prince.
Paginé de 1 à 97; pagination incomplète.

18. M. le marquis de Sourdis, commandant en Guyenne.

19. Journal de Monsieur de Bordeaux.

20. Nouvelles de Bruxelles.

21. M. le comte d'Harcourt. Provence.
Paginé de 1 à 105.

22. Journal d'Hollande.
Paginé de 1 à 239.

23. Journal du prince Palatin depuis qu'il a été arrêté, octobre 1639.

24. Angleterre. Lettres de M. de Bellièvre, ambassadeur.

25. Journal de ce qui s'est passé à Rome au sujet de M. le maréchal d'Estrées, et à Paris avec M. le nonce Scotti.
Paginé de 1 à 155.

26. M. le maréchal d'Estrées, ambassadeur extraordinaire à Rome.

27. Rome, Italie, brefs du Pape.

28. Lettres écrites de la main du Roi à M. le cardinal de Richelieu rangées par dates.

29. Lettres de Monsieur, frère du Roi.

30. Mémoires et instructions.

31. La Fayette. Petites intrigues de cour.

32. Lettres du P. Carré.

Note du rédacteur : « On a déjà remarqué que ce religieux avoit fait vœu d'esclavage et de servitude à M. le cardinal de Richelieu... »

33. Affaires criminelles.

34. Lettres de Monsieur le Prince.

35. Lettres de M. de Bullion.

36. Lettres du sieur Lopez contenant plusieurs affaires.

37. Divers mémoires.

38. Diverses relations.

39. Lettres de différentes personnes, rangées par mois.

40. Lettres sur différentes affaires.

41. [Pas de titre. Lettres diverses.]

42. Liège, Bouillon et Sedan.

43. Affaires d'Alsace, d'Allemagne et du Nord.

44. M. Méliand, ambassadeur en Suisse.

45. Provence.

46. Marine.

Année 1640[1].

1. Lettres écrites de la main du Roi à M. le cardinal de Richelieu, rangées par dates.

2. Lettres de M. de Brassac, intendant de la maison de la Reine.

3. Mémoires, avis et instructions.

4. M. de Bullion.

---

1. France 286, fol. 89-193. Pas de seconde copie.

5. Affaires du Clergé.

6. Lettres de plusieurs prélats.

7. Prêtres, religieux et religieuses.

8. Lettres du P. Carré.

10. Procès contre le président de Lasne.

11. Mémoire de M. de Montbazon, touchant la réception du serment du prévôt des marchands de Paris, au sujet de la contestation qui est entre lui et M. le Chancelier.

12. Lettres de divers particuliers.

13. Monsieur le Prince.

14. Monsieur de Bordeaux.

15. M. le comte d'Harcourt. — Lettres de M. du Plessis-Praslin à M. de Noyers. — Lettres de M. de la Cour, ambassadeur en Savoie.

16. Arras. M. le duc de Chaulnes.

17. Arras. Lettres communes de MM. de Chaulnes et Châtillon.

18. Arras. M. le maréchal de Chaulnes.

19. M. le comte d'Alais.

20. M. le bailli de Forbin.

21. Marine.

22. MM. de Gramont et de Sourdis.

23. Diverses lettres et pièces concernant les affaires étrangères.

24. Italie. Le Pape, cardinaux, princes et seigneurs d'Italie.

25. Contrôle général des armées du Roi pour l'année 1640.

26. M. du Hallier, commandant en Lorraine.

27. Allemagne et Alsace.

28. M. de Choisy.

29. M. d'Erlach. Brisach.

30. M. le maréchal de Schönberg.

31. Extrait de plusieurs dépêches.

32. Lettres du sieur Lopez, envoyé à Amsterdam pour acheter des poudres et salpêtres, canons et navires.

33. Lettres espagnoles de la part du Comte-duc ou de lui-même.

34. Diverses relations de Catalogne.

35. Journal de Catalogne, 1640 et 41.

36. M. de la Haye, ambassadeur à Constantinople.

Année 1641[1].

1. Mémoires et projets concernant la paix.

2. Journal de l'assemblée du Clergé.

3. Procédures faites au Parlement concernant quelques bulles.

4. Journal de M. le Grand Maître et de M. le maréchal de Guiche.

5. Journal de M. le maréchal de Châtillon et de M. le marquis de Sourdis.

6. M. le maréchal de Châtillon.

7. M. de Sourdis.

8. M. de Gremonville, intendant de l'armée en Champagne.

9. Journal de Lorraine.

10. M. du Hallier.

11. M. le comte de Soissons, MM. de Guise et de Bouillon.

12. Journal particulier de M. de Bouillon, où sont les traités et autres actes que le feu Roi a faits avec M. le maréchal de Bouillon et ceux que ledit sieur de Bouillon a faits avec le Roi.

1. France 287, fol. 7-252.

13. Journal d'Allemagne.

14. M. de Choisy, intendant de l'armée d'Allemagne.

15. Lettres de M. le comte de Guébriant.

16. Allemagne, Alsace et pays du Nord.

17. M. de Caumartin, Suisse. — Extrait des dépêches du même à M. de Chavigny.

18. Rome. Le Pape, cardinaux, chefs d'ordre.

19. Journal de Rome et de Parme.

20. Journal d'Italie.

21. M. le comte d'Harcourt.

22. M. Mazarin.

23. M. Le Tellier.

24. Lettres de la cour de Savoie.

25. Journal d'Hollande.

26. M. de la Thuilerie.

27. Angleterre.

28. M. le duc d'Épernon : Guyenne et Navarre. — M. de Lesdiguières : Dauphiné.

29. M. du Plessis-Praslin. — M. de Turenne. — M. d'Aiguebonne, gouverneur de la citadelle de Turin. — M. de la Cour, ambassadeur.

30. Catalogne. Journal de Monsieur le Prince, de M. de la Motte-Houdancourt et de M. le maréchal de Brezé.

31. M. le maréchal de Brezé.

32. Journal de Portugal, dans lequel sont les instructions de M. le marquis de Brezé.

33. Journal de Monsieur de Bordeaux.

34. M. l'archevêque de Bordeaux.

35. Clergé et affaires pieuses.

36. Lettres de plusieurs prélats du royaume.

37. Lettres de religieux et religieuses.

38. Lettres du P. Carré, jacobin.

39. [Pièces diverses.]

40. Affaires criminelles.

41. Lettres de parents ou alliés de M. le Cardinal, la plupart ou sur le mariage de Mme la duchesse d'Enghien ou sur la mort du marquis de Coislin.

42. M. le cardinal de Lyon. — M. le duc de Saint-Simon.

43. M. de Saint-Preuil.

44. M. de Brassac. — M. le maréchal de Schönberg.

45. M. le maréchal de Guiche.

46. Lettres écrites par la princesse Anne touchant son mariage avec M. de Guise.

47. Lettres de divers particuliers pendant les six premiers mois de 1641.

48. Idem. Six derniers mois de 1641.

49. Provence. M. le comte d'Alais, M. Le Gueux, M. le commandeur de Guitaut, M. le Premier Président.

50. M. le bailli de Forbin.

51. Mourgues et Provence.

52. Marine.

Année 1642[1].

1. Mémoires et instructions pour MM. les ambassadeurs, envoyés ou résidents pour le Roi.

2. Lettres du P. Carré.

3. Rome,

4. Lettres de différentes personnes, janvier, février, mars.

5. Idem, avril, mai, juin.

6. Idem, juillet, août, septembre.

1. France 288.

7. Idem, octobre, novembre, décembre.

8. M. le marquis de Brezé.

9. M. le maréchal de Brezé.

10. Catalogne. M. le maréchal de Brezé.

11. M. le maréchal de Schönberg.

12. Roussillon et Catalogne.

13. M. le maréchal de la Meilleraye.

14. M. Le Tellier.

15. M. le maréchal de Guiche.

16. M. le comte d'Harcourt, armée de Flandres.

17. M. de Longueville.

18. M. du Hallier.

19. Lettres écrites de Narbonne et du camp de Perpignan, au mois de juillet, qui contiennent peu de choses.

20. M. de Bordeaux.

21. M. le comte d'Alais. Provence.

22. Comptes avec le sieur Lopez.

23. M. le duc de Bouillon.

24. Affaires d'Allemagne.

25. M. le maréchal de Guébriant. Allemagne.

26. M. de la Thuilerie. Hollande.

27. M. de la Ferté-Imbault. Angleterre.

28. M. Lasnier. Portugal.

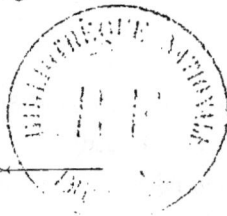

NOTICE DES PLANCHES.

Le fac-similé n° 1 reproduit l'écriture du copiste de Mézeray qui a écrit la plus grande partie du manuscrit Français 20795 (ms. M).

Les fac-similés n°ˢ 2, 3 et 4 reproduisent les écritures des trois autres copistes de Mézeray qui ont collaboré à la transcription du même manuscrit. — Voyez ci-dessus, p. 271, et la note 2.

TABLE DES MATIÈRES DU TOME I.

———•◇•———

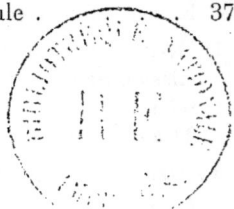

Nogent-le-Rotrou, imprimerie DAUPELEY-GOUVERNEUR.

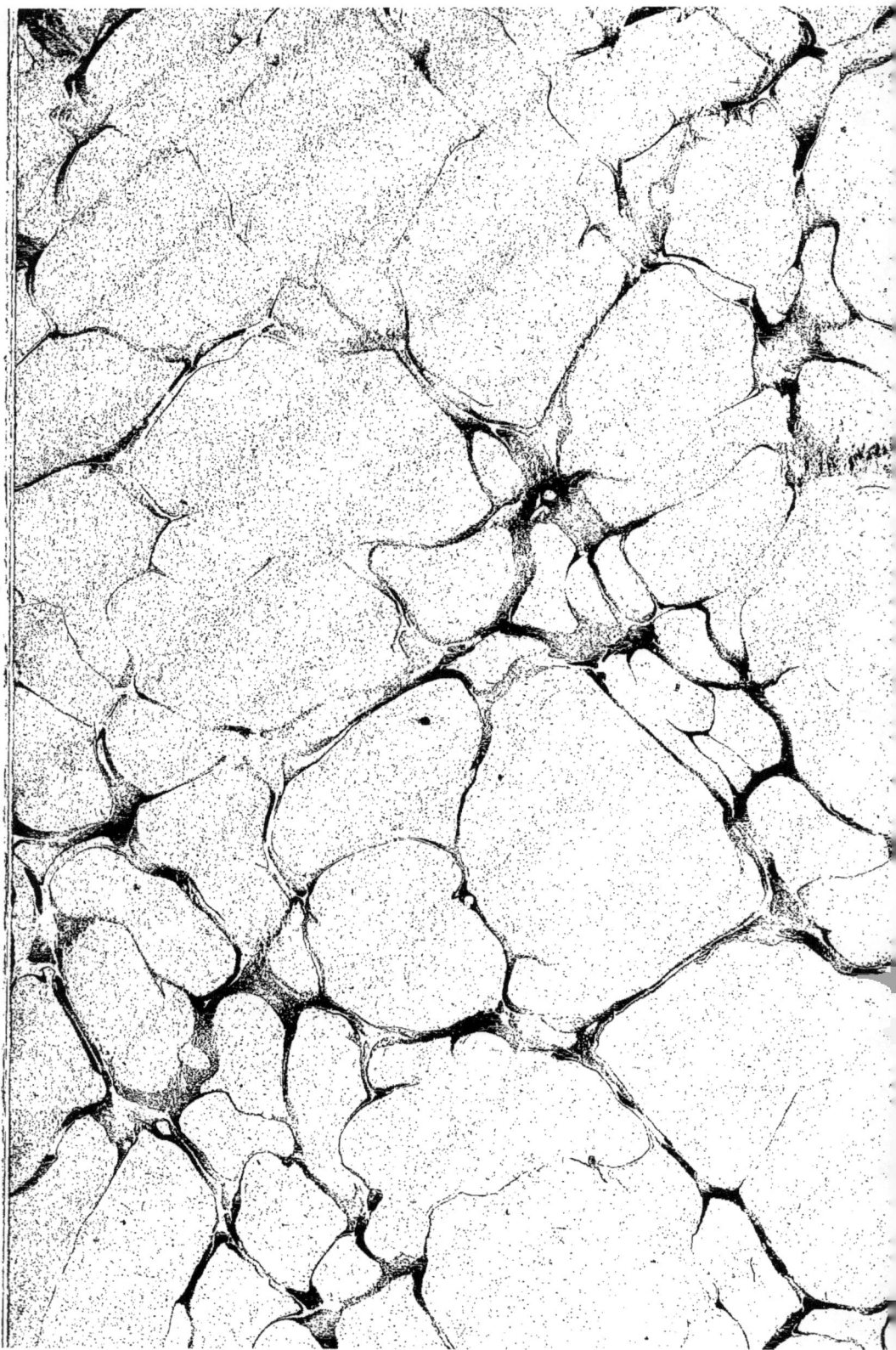

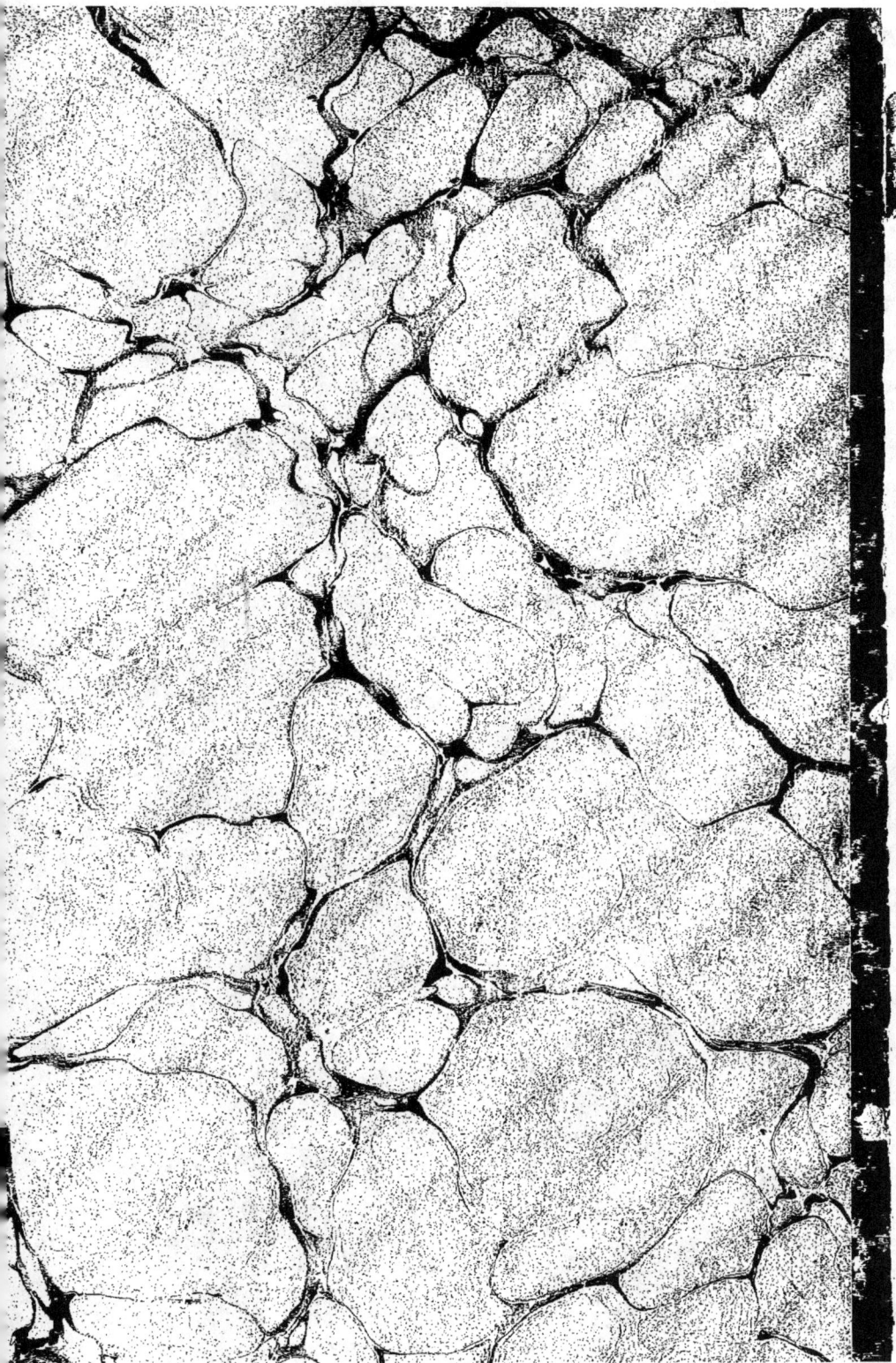

www.ingramcontent.com/pod-product-compliance
Lightning Source LLC
Chambersburg PA
CBHW071801090426
42737CB00012B/1901